特殊教育概論

Introduction to Educating Exceptional Children

黃志成、王麗美、王淑楨、高嘉慧◎著

序

　　本書自民國92年初版以來，迄今十載，屢獲再刷之機會，內中相關法規不斷在修改，使用之名詞亦偶有更動，遂於94年、97年兩度修訂，以迎合讀者進修所需。

　　自97年以來，法規之修改更加快速、更加多元，例如《特殊教育法》在98年、102年兩度修正，《特殊教育法施行細則》在101年修正，《身心障礙及資賦優異學生鑑定辦法》於101年修正，《特殊教育學生調整入學年齡及修業年限實施辦法》於101年修正，《身心障礙者權益保障法》在98年、100年、101年共六度修正，《兒童及少年福利與權益保障法》於99年、100年、101年共三度修正，當法規修改之後，一些名詞可能會更動，例如「嚴重情緒障礙」改為「情緒行為障礙」；一些辦法或規定可能修改，例如身心障礙兒童之早期療育由三歲改為二歲。凡此不勝枚舉，是故乃興起再修訂之念頭，然因原本三位作者公私俗務絆身，無法投入，遂商請王淑楨老師加入修訂，並更名為《特殊教育概論》。

　　本書得以重修出版，首要感謝揚智文化公司葉發行人忠賢鼎力支持，以及閻總編輯富萍、編輯團隊的協助，一併致謝。

　　特殊教育內容廣泛，且專家學者看法不一，本書修訂期間雖已盡力，但恐仍有疏漏之處，祈讀者諸君惠予指正。

黃志成　謹識

民國102年6月於中國文化大學

目　錄

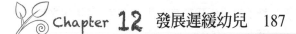

 附錄　213

Chapter *1*

緒論

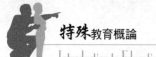
一、發展特殊教育的基本觀念

　　資賦優異及身心障礙兒童的就學服務即目前在教育上所謂的「特殊教育」（special education），從西洋教育史來看，正式學校教育已經有兩千年以上的歷史，但是特殊教育的發展卻只不過是近兩百年的事（林寶山，民82）。而在我國辦理特殊教育，可追溯至民國前42年（清同治9年，西元1870年），英國長老會牧師William Moore首先在北京城內甘雨胡同基督教會內附設瞽目書院，專收盲童，教以讀書、算術、音樂等科為開始；在台灣則於民國前22年由英國長老會William Cambel宣教師創辦盲聾學校，為國立台南啟聰學校的前身。特殊教育之所以逐漸發展，與下列幾個基本觀念有關：

(一)孔子的教育思想

　　早在兩千多年前，孔子就提出「有教無類，因材施教」的觀念，亦即對各類特殊兒童，均可按其資質、潛能予以教育。孔子對於門人問禮、問孝、問仁均能針對個別門人的特質，給予不同的答案，此即因材施教之意。

(二)人與動物之不同

　　雖然達爾文（Darwin Charles, 1809-1882）在進化論（Darwinism）提出「物競天擇、優勝劣敗、適者生存」，但此與動物之進化較為相近。人有人性，能濟弱扶傾，故身心障礙兒童應予照顧、教育，這是人性的發揮。

(三)國父思想的兩種觀念

國父的思想至少有兩種觀念與特殊教育有關:

1. 苟善盡教養之道,則天無枉生之才:此點告訴我們對身心障礙兒童(如智能障礙),若能予以教育,則其潛能必能獲得發展的機會。
2. 聰明才智愈大者,當服千萬人之務,造千萬人之福;……至於全無智能者,當服一人之務,造一人之福:此點即說明了給予能力很強的資賦優異兒童教育之後,將來可以服務很多人;至於給予能力較有限的身心障礙學生教育之後,身心障礙學生可以自立更生,不需依賴家人或社會。

(四)教育機會均等

教育機會均等(education for all)源自於西方的民主觀念,認為人有天生的不平等(如智能障礙、肢體障礙、視覺障礙、聽覺障礙等)、社會的不平等(如貧窮)、教育的不平等(每個人受教育的機會不平等)。因此,在民主時代,就應先做到教育機會均等,這才是真平等,讓每一個人的潛能得以發揮。

(五)民主政治

隨著中西各國民主政治的發展,人權愈來愈受保障,身心障礙兒童的權利亦是受保障的範圍,而教育權亦沒有被忽視,是故中外各國對特殊教育均愈來愈重視。

(六)經濟高度發展

特殊教育要能落實與發展，經濟是重要的指標，因為小班制教學、昂貴的設備、特殊學生的就學補助費用等，都需要龐大的費用，一般而言，每一位特殊學生的單位教育成本是一般學生的幾倍。如果國家的經濟沒有高度的發展，是無法支付此一經費的。

(七)卓越的學術發展

教育是一門專業，特殊教育更是教育中的專業。因此，在一個國家裡如果沒有卓越的學術發展，將無法對特殊教育作廣泛性的研究，特殊教育的品質將是低落的，所以卓越的學術發展可帶動特殊教育的發展。

二、個別差異

(一)定義

所謂個別差異（individual difference）是指兒童在某些方面和其他兒童有別，例如智力、情緒、社會行為、人格、感覺與知覺系統、身體狀況等。此外，兒童本身的特質，在發展上也並非齊一的水準，也有特質上的差異，例如一位五歲的幼兒，具有五歲幼兒的語言能力，但其社會技能只有四歲的水準。

(二)種類

◆個別內在差異

個別內在差異（intraindividual difference）是指兒童在本身身心特質發展上的差異性，如**圖1-1**所示，兩位六歲兒童在本身的特質均有明顯的差異。亦即生理年齡是六歲，但其身高、體重、粗動作、細動作、智能、語言、社會、認知的年齡水準是不一樣的。

◆個別間差異

個別間差異（interindividual difference）是指兒童與兒童間的身心特質有所不同，如**圖1-1**所示，兩位六歲兒童的各項特質相比較，有明顯不一樣。

年齡	身高	體重	粗動作	細動作	智能	語言	社會	認知
10								
9								
8								
7								
6								
5								
4								
3								
2								
1								

圖1-1　兩位六歲兒童的身心特質剖面圖

動物學校

　　森林裡新成立了一所動物學校，在各種課程中，決定以「跑」、「跳」、「飛」、「游」為全校共同基本必修科目。開學以後，所有同學正式選課，進行各科的學習。學期終了，進行評鑑。

　　期初兔子跑得很快，跳的表現也很好，讓烏龜好羨慕。可是在一次飛行課程中，摔斷了兩條腿。期末考時，不但「飛」和「游」的課程不及格，連最拿手的跑和跳課程，最後都只拿到勉強及格的分數。

　　鴨子的游泳技術是一流的，跑、跳就不行了，不過在一次飛行課程中，折斷了翅膀，至此以後，游泳技術大不如從前，其他各科也只能「低空飛過」。

　　麻雀飛的能力超強，讓兔子和鴨子好生羨慕，跳的技術也不錯，跑步也還可以。可是游泳就不行了，只好找鴨子惡補，不過有一次癲癇發作，急救不當，缺氧過久，至此以後變成了「智能障礙」兒童，只好轉入啟智班就學。

　　學期末了，羚羊在跑、跳兩科表現優異，在「飛」和「游」的課程雖然不佳，但因沒有重大過失，得了第一名。

　　由上述的童話故事，我們可以瞭解到對所有學生施予相同的教材、相同的教法是不對的。在教育上應考慮學生的個別差異，因材施教，如此才能使學生獲得最大的利益。

三、特殊兒童

(一)定義

　　所謂特殊兒童（exceptional children）是指兒童在身心特質顯著的低於或高於常模（norm）或平均表現水準，需要提供特殊教育方案及其他相關服務才能符合這些兒童的需要，發揮個人的學習潛能（徐享良，民89）。

(二)種類

　　依照我國《特殊教育法》（教育部，民102a）的規定，可分為身心障礙與資賦優異兩大類，其中身心障礙又分為：智能障礙、視覺障礙、聽覺障礙、語言障礙、肢體障礙、腦性麻痺、身體病弱、情緒行為障礙、學習障礙、多重障礙、自閉症、發展遲緩、其他障礙共十三類；資賦優異則包括：一般智能、學術性向、藝術才能、創造能力、領導能力、其他特殊才能共六類（《特殊教育法》第三、第四條）。

四、出現率

　　所謂特殊兒童出現率（prevalence rate）是指某一年度，特殊兒童在某一年齡層的人口中所占的百分比（徐享良，民89）。計算公式如下：

$$出現率＝特殊兒童／全體兒童×100\%$$

　　上述之特殊兒童係指經鑑定後，合於某一標準者，計算出現率通常

是在特定的時間及某一年齡層。在過去我國已做過兩次全國性特殊兒童普查，第一次在民國65年完成，普查結果如**表1-1**所示。

本次普查年齡層為六至十二歲之兒童，普查項目只有**表1-1**所示六項，故出現率偏低。根據郭為藩（民82）的推估，特殊兒童的出現率為10.73%。

第二次全國特殊兒童普查在民國79至81年，且於民國81年完成，年齡範圍擴大到六至十四歲，一共九個年齡層，結果如**表1-2**所示。此外，根據教育部（民102b）出版的《100年度特殊教育統計年報》顯示，我國在學前教育、國小、國中、高中職和大專校院階段特殊兒童的人數，如**表1-3**所示。

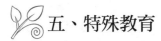

五、特殊教育

所謂特殊教育即是以各類特殊兒童為對象的一種教育措施，其目的是在適應各類特殊兒童的個別差異特性，滿足他們的獨特需要，充分啟發

表1-1 我國第一次全國特殊兒童普查結果

障礙狀況	人數	出現率%
智能不足者	12,034	0.433
視覺障礙者	986	0.036
聽覺障礙者	2,154	0.078
肢體障礙者	9,317	0.336
身體病弱者	1,185	0.043
多重障礙者	5,374	0.194
總計	31,053	1.12

資料來源：郭為藩，民82。

表1-2　我國第二次特殊兒童普查各類身心障礙兒童人數及出現率

類別	普查所得人數	占身心障礙兒童百分比	占學齡兒童母群體百分比
智能障礙	31,440	41.61	0.883
學習障礙	15,512	20.53	0.436
多重障礙	7,315	9.68	0.205
性格或行為異常	7,089	9.38	0.199
肢體障礙	3,456	4.57	0.097
語言障礙	2,916	3.86	0.082
聽覺障礙	2,876	3.81	0.081
身體病弱	2,111	2.76	0.059
視覺障礙	1,931	2.56	0.054
自閉症	598	0.79	0.017
顏面傷殘	318	0.42	0.009
合計	75,562	100.00	2.121

註：七十九學年度6-14歲全國學齡兒童母群體人數為3,561,729人。

資料來源：教育部特殊兒童普查執行小組，民82。

他們的潛能，以實現全民受教育機會均等的理想（林寶山、李水源，民100）。其目的分述如下：

(一)滿足特殊兒童的特殊需要

例如視障兒童需要學習點字、弱視兒童需要放大鏡、聽障兒童需要助聽器。

(二)消除或減輕障礙

例如聽障兒童聽不清楚，給他戴上助聽器後，也許就可以聽得清楚了。

表1-3 各教育階段學校特殊教育學生人數統計

年度	教育階段	身心障礙類												
		智障	視障	聽障	語障	肢障	病弱	情障/疑	學障/疑	多障	自閉	遲緩	其他	小計
101	學前	1,217	90	411	584	540	305	107	0	891	1,035	7,040	266	12,486
	國民小學	12,553	507	1,301	1,355	1,894	1,589	2,910	10,246	3,704	4,802	0	1,809	42,670
	國民中學	8,341	336	795	147	1,306	858	1,389	8,127	2,229	2,268	0	497	26,293
	高中職	7,941	451	905	134	1355	957	879	5,996	1,894	1,515	0	388	22,415
	大專校院	610	675	1,217	171	3,014	1,247	705	1,891	424	596	0	971	11,521
	合計	30,662	2,059	4,629	2,391	8,109	4,956	5,990	26,260	9,142	10,216	7,040	3,931	115,385

年度	教育階段	資賦優異類			
		一般智能	學術性向	藝術才能	其他特殊才能
101	國民小學	5,471	116	5,379	87
	國民中學	792	5,630	3,488	86
	高中職	0	5,710	5,033	0
	合計	6,263	11,456	13,900	173

資料來源：教育部（民102b）。

(三)啟發潛能

這些有障礙的兒童生來多多少少都有一些能力，若能給予適當的教育，其潛能得以發揮。例如，智能障礙的兒童如果給予適當的教育，在將來仍可貢獻一己之力，服務社會。根據Cook和Odom（2013）的研究結果認為：特殊教育有可能為發展遲緩學生產生更有效的教育方案和更加積極的發展結果。此即為潛能的發揮。

(四)教育機會均等

依《憲法》規定「受教育為國民之應盡義務亦為應享之權利」，既然一般人有接受教育之權利，則特殊兒童亦有受教育之權利。

(五)回歸常態環境

特殊教育絕對不是要將特殊兒童集合在一個封閉的環境（如專屬的學校、專屬的班級），而是希望在經過教育之後，讓學生能夠回歸常態的學習及生活環境。

六、特殊教育的安置

特殊教育的安置即將特殊兒童安插在最合適的地方學習，按學生人數、學習環境以及障礙程度，如圖1-2所示（Hallahan & Kauffman, 1997）。

依圖1-2所示，特殊兒童安置在普通班者最多，普通班的學習環境限

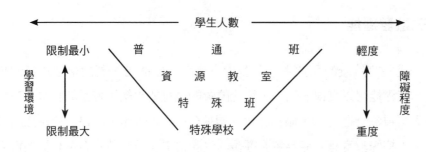

圖1-2 特殊教育統合程度架構圖

制最少，障礙程度為輕度者安排在普通班較合適；特殊兒童安置在特殊學校人數最少，特殊學校的學習環境限制最大，障礙程度為重度者安排在特殊學校就學較合適。以下針對國內目前對特殊兒童的安置方式做說明：

(一)特殊教育學校（special education schools）

即把特殊兒童安置到一個專屬的學校，例如台北市立啟聰學校、台北市立啟明學校、台北市立啟智學校、高雄市立啟智學校、私立惠明學校（台中市）、私立啟英學校（高雄市）。新式的特殊學校採不分類的方式，如高雄市立楠梓特殊學校、台北市立文山特殊學校、國立宜蘭特殊教育學校，收容學生可以是智能障礙、視覺障礙、聽覺障礙和多重障礙等。

◆依學生住宿或通勤的情形分類

依特殊學校學生住宿或通勤的情形可分為三類：

1.通學制：顧名思義是指全部學生都是以通勤的方式來上學。

2.住宿制：顧名思義是指全部學生皆住在學校的宿舍。

3.混合制：是指一部分學生住宿，一部分學生通勤。一般而言，是指

遠道者住校，近校者通學。

◆特殊學校的優點

1. 可網羅專業師資及復健人員：就證照制度而言，目前在國內的小學或中學，特殊教育的老師要比普通班的老師更專業。例如一般學校老師只需修完教育學分，即可擔任普通班老師，但是特殊班的老師還必須加修特殊教育學分，才能擔任特殊班老師。至於復健人員包括語言治療師、物理治療師及心理諮商專業教師等。語言治療師可幫助智能障礙、腦性麻痺或語言障礙的兒童做復健；物理治療師可幫助肢體障礙或發展遲緩的兒童做復健；心理諮商專業教師可幫助心理有問題的兒童做心理輔導。

2. 可有較符合需要的設備：各類特殊兒童皆有學習上的特殊需要，因此，我們必須為他們準備他們所需的設備。例如在啟明學校有盲用電腦；啟聰學校有聽力檢查儀器、團體助聽器。

3. 可有合適的教材設計：因為特殊兒童在學習上有特殊需要，所以老師們編教材時就應該滿足他們的需要。例如以智能有障礙的小朋友來講，一般的小學課本並不適合他們，所以國小啟智教育常常就由啟智班的老師再額外幫他們設計教材，以滿足他們的需要。

4. 提供清寒學生良好的居住及學習環境：根據實務上的調查，身心障礙的兒童很多都是來自清寒家庭，例如依王麗美（民81）的調查，台北縣市國中聽障學生有75.3%來自低社經地位家庭，他們在家中居住環境及經濟狀況都比較差，如果這些兒童能住到學校來，特殊學校良好的設備就可幫助他們解決一部分在學習上的障礙。

5. 適合嚴重障礙的兒童：如圖1-2所示，障礙愈嚴重的兒童就讓他住到特殊學校的宿舍內，輕度障礙的兒童在學習上的特殊需要和一般小朋友比較，差別較小。例如輕度聽障的兒童只是聽不清楚，上課

時只需要坐到前面來或戴上助聽器，就可以聽得見。至於全聾的兒童，即使戴上助聽器可能也聽不見，所以到特殊學校上課較合適。

6.班級人數少：因為班級學生人數少，所以老師就可以照顧到每一位學生的特殊需求。

◆特殊學校的缺點

1.違反回歸主流的原則：所有的兒童將來長大後都是要回歸到正常的社會中，如果這些有障礙的兒童從小就在特殊學校就讀，那他們就少有機會和一般小朋友接觸，所以將來當他們回到正常的社會後，較可能產生適應上的困難。

2.易給兒童做標記：社會上某些見解不正確的人會給這些有障礙的兒童做標記（labeling），特殊兒童本身也會自我標記，而這些標記不但會跟著他們一輩子，更會深深地烙印在他們的心上，終而產生負面的影響。

3.受通學條件之限制：特殊學校無法普遍設立，許多兒童仍需遠道前來上課，十分不便。

4.剝奪兒童的家庭生活經驗：在兒童的成長過程中，正常的家庭生活是不可或缺的，就精神分析論的觀點，如果家庭生活欠缺時可能會嚴重影響兒童一生的發展。

5.設置學校需大量的財力、物力及人力的投入：特殊學校的硬體設施及軟體設施皆很昂貴，而且亦需要很多的人力，這也是特殊學校無法普遍設立的因素。

6.覓地不易：一般人都不希望身心障礙學生的學校在住家附近，因為可能會影響房地產，使房價下跌，所以這也是造成特殊學校無法普遍設立的另一個原因。

(二)集中式特殊教育班（self-contained special class）

依照《特殊教育法》（教育部，民102a）第十一條規定，高級中等以下各教育階段學校得設特殊教育班，其辦理方式包括「集中式特殊教育班」，此種班過去稱為「自足式特殊班」，顧名思義，此種班的一切學習活動均以集中在該班級內進行的教育型態，如啟智班、啟聰班、啟仁班，在高級職業學校則稱為「綜合職能科」。

(三)分散式資源班（decentralized resource room）

分散式資源班之服務對象為安置在普通班而有特殊教育需求之學

資源班老師的呼籲

1. 資源班是一個給予小朋友適當幫助的地方，不是「白癡班」、不是「資優班」，當然也不是「過動班」、「自閉班」或「資源回收班」！

2. 資源班的孩子可不是一無是處喔！我們的孩子中，有頭腦一等一的，有功課一等一的，有體育一等一的，也有美勞一等一的，可別輕易就把他們看扁啦！

3. 資源班就像個和樂融融的大家庭，每位老師都非常疼愛、看重這些小寶貝。所以，我們也非常期望校內的每位老師、同學，甚至是家長們，也能幫助我們一起來疼愛他們。他們做不好的地方，請大家多指教；他們表現很棒的時候，也請大家不吝嗇地多給他們一些掌聲喔！

資料來源：台北市士林國小資源班教師黃淑貞，民91。

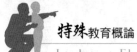
生（含身心障礙類及資賦優異類），其在認知、溝通、社交、情緒、行為、動作、感官及學科學習等領域之能力或表現，需調整教育方式、教學內容或提供相關服務，才能發展其最大潛能者（教育部，民102a）。

(四)普通班

普通班顧名思義就是混合就讀，也就是特殊兒童與一般兒童在同一班級中上課。現行的特殊兒童大部分在普通班上課，其原因有可能是回歸主流的表現，亦有可能是因為特殊班、特殊學校不夠普遍，所以這些兒童才不得已到普通班上課。現就普通班的優缺點分述如下：

◆普通班的優點

1. 回歸主流：可以從小和一般的小朋友做交流。
2. 無經費、員額、地理條件之限制：普通班較不需要特別的預算，普通班老師的編制比特殊班的老師少，而且有些居民也不希望住家附近有身心障礙的特殊學校，假使有障礙的兒童在普通班上課，即可避免以上的情況。

◆普通班的缺點

1. 無法滿足特殊需要：因為特殊兒童融入普通班上課，所以在課程、教材、教法上就無法做到特殊的設計。
2. 無法延聘特教老師：因為特殊兒童在普通班上課，所以學校亦只能提供普通老師，無法延聘特教老師。
3. 巡迴教育有時間限制：所謂「巡迴教育」，即是指特殊兒童在普通班上課，教育單位通常會派巡迴老師來指導他，但是此巡迴老師的編制可能是在教育局（或借調），所以變成輪流去指導特殊學生，因此會演變成點到為止，其幫助較有限。

(五)床邊教學

所謂床邊教學即在醫院成立特殊班或個別指導特殊學生，此種教學對象以罹患慢性病（如心臟病、腎臟病、肝病、肺病）者為主，或其他身心障礙兒童（如肢體障礙）需要在醫院作長期復健者，此種教學以醫療為主，教育、學習為輔，但可隨時彈性調整，教導的方式可有老師面授、電視DVD、廣播、電腦、網際網路等。

◆床邊教學的優點

1.讓特殊學生的課業不至於荒廢太多。
2.能注意個別需要，因材施教。

◆床邊教學的缺點

1.違反回歸主流的原則，降低社會適應能力。
2.剝奪家庭及學校生活經驗。
3.醫生、護士、老師、家長、學童之配合較困難。

(六)教育體制外機構

我國《特殊教育法》第三十四條規定：「各主管機關得依申請核准或委託社會福利機構、醫療機構及少年矯正學校，辦理身心障礙教育。」此為教育體制外機構辦理特殊教育的法源依據，此類特殊班的老師通常由鄰近的學校派老師支援，學生之學籍也附設在鄰近學校，就讀對象通常以中重度障礙學生為主。

◆養護機構特殊班的優點

1.免於學生通學之不便。

2.可配合機構的設備、設施教學。

3.機構可支援一部分的人力，包括行政人員、復健人員，而保育員也可當助理教師，協助教學。

4.提高身心障礙學生的就學率。

◆養護機構特殊班的缺點

1.違反回歸主流的原則，減損其社會適應能力。

2.剝奪家庭及學校生活經驗。

(七)在家教育

我國自民國76年開始試辦「在家自行教育」計畫，學生對象以重度或極重度身心障礙兒童為主，在各縣市政府教育局或學校設輔導員，每週提供一至二次到家輔導的服務，輔導的內容可為知識的傳授、心理輔導、行為矯正，甚至對家長作親職教育。輔導的方式除巡迴老師前往面授外，還可利用函授、電視、廣播等教學活動。此種教育方式的缺點則為（吳武典，民78）：

1.家長認為此種點狀的輔導方式於事無補，甚至為干擾。

2.巡迴輔導員之定位問題，缺乏法令依據。

3.輔導員常感心有餘而力不足，對兒童沒有實質的幫助。

4.缺乏適當的教材可資應用。

5.部分家長缺乏正確的輔導及教養觀念，常讓這些身心障礙者飽食而已。

此外，蔣興傑（民85）調查九百六十七位登記有案的「在家自行教育」學生家長之意見，比較重要的建議如下：

1.「在家自行教育」之名稱宜改為「在家教育」，以符事實，避免誤解。

2.有些縣市無巡迴服務，故應落實「巡迴輔導」制度。

3.主管教育行政單位，應透過學校單位或各種宣傳管道，讓家長充分瞭解本制度之意義、可享之權益、對「教育代金」之認知及符合條件者均能申請。

4.應多舉辦「在家自行教育」教師之短期訓練。

5.結合教養機構保育員共同進行「巡迴輔導」，社工人員定時家訪。

6.修訂申請教育代金之年齡限制，即超齡（十五歲）之學生只要申請總年資不超過九年（國民義務教育年限），亦得申請。

7.改善學校之「無障礙環境」，於各區域之中心學校成立重度特殊班並提供交通接送服務，獎勵教養機構增設重度特殊班，增加「在家自行教育」學生之就學管道。

8.舉辦「在家自行教育」學生媽媽成長營或各種親職講習。目前「在家自行教育」已改為「在家教育」，可避免被誤以為家長在家自行教育身心障礙子女。

 七、特殊教育的發展趨勢

特殊教育的發展趨勢說明如下：

(一)對特殊兒童不加分類

不加分類的作法，主要在揚棄傳統醫學本位的身心障礙標記，而注意特殊兒童功能上的損傷（functional impairment），以提供適合其需要的協助，此為目前世界各先進國家的趨勢（何華國，民98）。

(二)重視身心障礙兒童教育權益之保障

透過立法，保障身心障礙兒童教育的權益，以美國的94-142公法為例，即訂出：美國政府應為該國身心障礙兒童，提供免費而適當的教育，將學生安置在最少限制的環境，並訂定個別化教育計畫（Individualized Educational Program, IEP），以作為提供服務設施的依據，所謂個別化教育計畫是指家長與學校間的協議書，雙方協商如何做，最能符合特殊兒童的學習需要，IEP是特教老師重要的工作之一，內容明確指出教師要如何教導，以符合個別學生學習能力的需要，此方案之研擬需家長或監護人之參與和同意（IEP之範例，請參考本書附錄一）。爾後，為對身心障礙的學齡前嬰幼兒及其家庭，提供進一步的服務，特別提出個別化家庭服務計畫（Individualized Family Service Plan, IFSP），此一計畫乃透過特殊教育老師等相關人員，與家長共同協商，擬定各種協助嬰幼兒及其家庭發展的各種方案，以利其成長。此外，為確保所提供教育的適當性，更對教育的過程規定種種保護措施。

(三)重視學前教育

目前美國94-142公法即規定各州如欲得到聯邦政府的經費補助，即須對三至二十一歲的身心障礙者提供免費而適當的教育。我國《特殊教育

法》（民國102年1月修正公布）第十條規定特殊教育實施階段時，亦指出「學前教育階段，在醫院、家庭、幼稚園、托兒所、社會福利機構、特殊教育學校幼稚部或其他適當場所辦理」。第二十三條亦規定「為推展身心障礙兒童之早期療育，其特殊教育之實施，應自二歲開始。」台北市公立幼稚園也自87學年度起，全面實施融合教育（inclusive education），輕度身心障礙幼兒優先入園的計畫，凡此均表示學前教育對特殊幼兒之重視。

(四)家長參與

家長參與，至少可有下列幾個意義：

1. 學習教學：家長在學校參與的過程中，可以學習老師如何教導特殊的孩子，回家後再予以指導。
2. 組成家長團體：組成家長團體互相傾訴心聲，互相傳遞經驗，或團結一致，為特殊兒童爭取權益。
3. 參與決策：對老師的教學方案，參與決策，讓方案更易落實，有利於特殊兒童的學習。

此外，依《特殊教育法》的規定，家長還可參加下列之工作：

1. 參與直轄市及縣（市）主管教育行政機關所設之「特殊教育學生鑑定及就學輔導會」。（第六條）
2. 參加學校家長會（至少保障特殊教育學生家長一人為家長會常務委員或委員）。（第四十六條）
3. 參與學校身心障礙學生擬定之「個別化教育計畫」。（第二十八條）
4. 參與各級主管教育行政機關之「特殊教育諮詢會」。（第五條）

(五)研發輔具與教具

科技的進步，對特殊教育產生莫大的貢獻，如團體助聽器的發明，讓啟聰學校（班）的學生受惠；盲用電腦的發明，使視覺障礙學生得以開拓更寬廣的教育內容。以腦性麻痺學生為例，電腦輔具的使用的確可以改善他們在鍵盤、滑鼠、電腦基本操作，以及基本軟體操作的困難（吳亨芳、陳明聰、邱崇懿、王華沛，民96）。

(六)職業導向

特殊學生將來終歸要獨立，立足於社會上，為此，是否擁有一技之長實為關鍵，是故特殊教育（尤其國中、高中職階段）就應職業導向，做好職前訓練，有利於就業。我國《特殊教育法》第二十四條亦規定「各級學校於對身心障礙學生之評量、教學及輔導工作，應以專業團隊合作進行為原則，並得視需要結合衛生醫療、教育、社會工作、獨立生活、職業重建相關等專業人員，共同提供學習、生活、心理、復健訓練、職業輔導評量及轉銜輔導與服務等協助。」

(七)融合教育

融合（inclusion）教育是目前國際思潮的主流，亦即是回歸主流的概念，也就是將特殊兒童回歸到普通班的「正常社會」學習。融合教育強調特殊兒童和普通兒童的相似性，主張他們在相同的環境接受教育；強調的是和諧性的融合，係指從接納→關懷→包容→互學對方優點→適當糾正彼此的缺點→融合，培養兒童健全人格，使其能力得以充分發展，日後得以各發揮所長，亦能相互扶持（鄭昭雄，民88）。此種教育方式的優點即讓

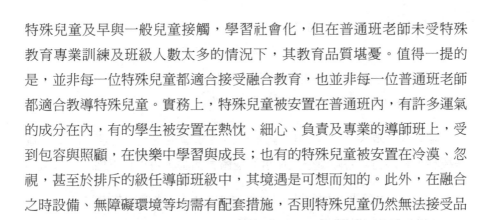

特殊兒童及早與一般兒童接觸，學習社會化，但在普通班老師未受特殊教育專業訓練及班級人數太多的情況下，其教育品質堪憂。值得一提的是，並非每一位特殊兒童都適合接受融合教育，也並非每一位普通班老師都適合教導特殊兒童。實務上，特殊兒童被安置在普通班內，有許多運氣的成分在內，有的學生被安置在熱忱、細心、負責及專業的導師班上，受到包容與照顧，在快樂中學習與成長；也有的特殊兒童被安置在冷漠、忽視，甚至於排斥的級任導師班級中，其境遇是可想而知的。此外，在融合之時設備、無障礙環境等均需有配套措施，否則特殊兒童仍然無法接受品質良好的教育。依蔡美芸（民90）的建議，融合教育的實施重點如下：

1.擴展特殊兒童的人際關係，發揮班上同儕力量協助。
2.培訓小老師幫忙生活適應與學習輔導。
3.教師的輔導工作處處可做，時時可做，並簡單記錄以便資料填報。
4.運用資源，尋求班親會義工的協助。

(八)發展適應體育

適應體育（adapted physical education）又稱為特殊體育。對身體機能有障礙的學生而言，體育會因學生生理上的缺陷，使學生的運動技能發展受限，更導致學生缺乏信心及參與運動的意願，也降低學習動機。為此，教育部已於民國88年公布「適應體育教學中程發展計畫」，在各級學校加強改進適應體育教學，讓身心障礙學生也能享有和普通班學生一起上體育課的權利，獲得發展各種身體機能的機會。發展適應體育的內涵包括：

1.成立適應體育教材教具研究、編輯、製作發展小組。
2.辦理融合式體育教學方式研習會，提升各級學校教師相關知能。

特殊教育概論

Introduction to Educating Exceptional Children

24

3.建立適應體育教學輔導網路，訂定學校適應體育教學輔導要點，作為實施輔導工作的依據，並進行訪視評鑑工作。

4.研辦身心障礙學生動作和運動體能檢測。

5.逐年補助學校整建適應體育的場地設備。

陳張榮、周俊良（民101）歸納國內外學者從生理、心理、社會、職涯觀點，認為對身心障礙學生從事適應體育活動，可以有下列的好處：

1.預防二度障礙，如肥胖、瘦弱、缺乏自信、憂鬱與焦慮等。

2.降低醫療照護費用，增進經濟效益。

3.提升生活品質，如提升工作效能、休閒活動品質與生活品質。

4.改善智能障礙學童的體適能，能增加其工作成功率。

5.身體活動與運動比賽是增進人際互動最佳媒介。

6.身心障礙者在某些運動傑出表現可改善自我自尊與信心。

7.經常參與體能活動的身心障礙者，其情緒的康寧和整體健康狀態比靜態生活者佳。

8.良好的體能可以克服環境的障礙。

(九)個別化轉銜計畫

所謂個別化轉銜計畫（Individualized Transition Program, ITP）係指執行一項讓身心障礙學生離開現在的學習環境，做好準備進入上一級學校或就業的計畫，包括各種適當的介入與提供的訓練，可協助學生從學校進入上一級學校或職業生活的適應。

參考書目

王麗美（民81）。〈國中聽障學生福利需求之研究〉。中國文化大學兒童福利研究所碩士論文。

何華國（民98）。《特殊兒童心理與教育》（第四版）。台北市：五南圖書公司。

吳武典（民78）。〈智障與多重障礙者之就學問題〉。載於《78年全國殘障福利會議及多障福利組手冊》，頁37。

吳亭芳、陳明聰、邱崇懿、王華沛（民96）。〈國小腦性麻痺學生電腦使用現況及相關輔具需求調查〉。《特殊教育季刊》，期105，頁42-48。

林寶山（民82）。《特殊教育導論》。台北市：五南圖書公司。

林寶山、李水源（民100）。《特殊教育導論》。台北市：五南圖書公司。

徐享良（民89）。〈第一章緒論〉。載於王文科主編，《特殊教育導論》。台北市：心理出版社。

陳張榮、周俊良（民101）。〈身心障礙者之體適能訓練〉。《特殊教育季刊》，期123，頁1-8。

郭為藩（民82）。《特殊兒童心理與教育》。台北市：文景書局。

教育部（民100）。〈國民教育階段身心障礙資源班實施原則〉。

教育部（民102a）。《特殊教育法》。

教育部（民102b）。《100年度特殊教育統計年報》。

黃淑貞（民91）。〈資源班的二三事〉。載於《台北市士林國小家長會訊創刊號》。民國91年6月1日。

鄭昭雄（民88）。〈源、緣、圓──融合教育在台灣省立彰化啟智學校〉。《特殊教育季刊》，期70，頁21-25。

蔣興傑（民85）。〈「在家自行教育」學生之家長對其身心障礙子女教育之意見調查研究〉。民國85年5月30-31日特殊教育研討會。國立台灣師範大學特殊教育系承辦。

蔡美芸（民90）。〈特殊生回歸普通班需教師更多關懷〉。《國語日報》。民國90年4月3日，13版。

Cook, B. G., & Odom, S. L. (2013). Evidence-based practices and implementation science in special education. *Exceptional Children, 79*(2), 135-147.

Hallahan, D. P. & Kauffman, J. M. (1997). *Exceptional Children: Introduction to Special Education* (7th ed.). W. J.: Prentice-Hall.

Chapter *2*

資賦優異兒童

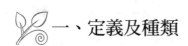

一、定義及種類

根據《特殊教育法》第四條的規定，資賦優異兒童分為一般智能資賦優異、學術性向資賦優異、藝術才能資賦優異、創造能力資賦優異、領導能力資賦優異及其他特殊才能資賦優異六類。依《身心障礙及資賦優異學生鑑定辦法》（教育部，民101）說明如下：

(一)一般智能資賦優異

指在記憶、理解、分析、綜合、推理及評鑑等方面，較同年齡者具有卓越潛能或傑出表現者；其經鑑定後應符合下列各款規定之標準：

1. 個別智力測驗評量結果在平均數正二個標準差或百分等級九十七以上。
2. 經專家學者、指導教師或家長觀察推薦，並檢附學習特質與表現卓越或傑出等之具體資料。

上述所提「個別智力測驗評量結果在平均數正二個標準差或百分等級九十七以上」僅係條件之一而已，真正參加甄選時，還要參考其他資料（參考本章「五、鑑定程序」）。智商與百分等級的觀念及關係請參考**圖2-1**。

(二)學術性向資賦優異

指在語文、數學、社會科學或自然科學等學術領域，較同年齡者具有卓越潛能或傑出表現者；其經鑑定後應符合下列各款規定標準之一：

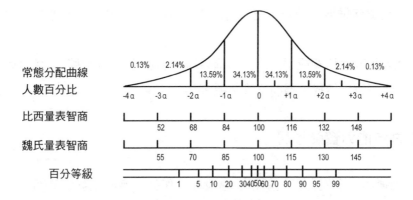

圖2-1　常態分配圖

1. 前述任一領域學術性向或成就測驗得分在平均數正二個標準差或百分等級九十七以上，並經專家學者、指導教師或家長觀察推薦，及檢附專長學科學習特質與表現卓越或傑出等之具體資料。
2. 參加政府機關或學術研究機構舉辦之國際性或全國性有關學科競賽或展覽活動表現特別優異，獲前三等獎項。
3. 參加學術研究單位長期輔導之有關學科研習活動，成就特別優異，經主辦單位推薦。
4. 獨立研究成果優異並刊載於學術性刊物，經專家學者或指導教師推薦，並檢附具體資料。

(三)藝術才能資賦優異

指在視覺或表演藝術方面具有卓越潛能或傑出表現者；前項所定藝術才能資賦優異，其鑑定基準依下列各款規定之一：

1. 任一領域藝術性向測驗得分在平均數正二個標準差或百分等級九十七以上，或術科測驗表現優異，並經專家學者、指導教師或家

長觀察推薦，及檢附藝術才能特質與表現卓越或傑出等之具體資料。

2.參加政府機關或學術研究機構舉辦之國際性或全國性各該類科競賽表現特別優異，獲前三等獎項。

(四)創造能力資賦優異

指運用心智能力產生創新及建設性之作品、發明或解決問題，具有卓越潛能或傑出表現者；前項所定創造能力資賦優異，其鑑定基準依下列各款規定之一：

1.創造能力測驗或創造性特質量表得分在平均數正二個標準差或百分等級九十七以上，並經專家學者、指導教師或家長觀察推薦，及檢附創造才能特質與表現卓越或傑出等之具體資料。

2.參加政府機關或學術研究機構舉辦之國際性或全國性創造發明競賽表現特別優異，獲前三等獎項。

(五)領導能力資賦優異

指具有優異之計畫、組織、溝通、協調、預測、決策、評鑑等能力，而在處理團體事務上有傑出表現者；其鑑定基準依下列各款規定：

1.領導才能測驗或領導特質量表得分在平均數正二個標準差或百分等級九十七以上。

2.經專家學者、指導教師、家長或同儕觀察推薦，並檢附領導才能特質與表現傑出等之具體資料。

(六)其他特殊才能資賦優異

指在肢體動作、工具運用、資訊、棋藝、牌藝等能力具有卓越潛能或傑出表現者；其鑑定基準依下列各款規定：

1. 參加政府機關或學術研究機構舉辦之國際性或全國性技藝競賽表現特別優異，獲前三等獎項。
2. 經專家學者、指導教師或家長觀察推薦，並檢附專長才能特質與表現卓越或傑出等之具體資料。

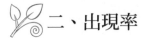 二、出現率

有關資賦優異兒童的出現率，我國迄今沒有做過正式的調查，唯目前不論國內外的推估或研究，大都認同資賦優異兒童的出現率約為3～5%（何華國，民98；謝建全，民88）。

三、可能形成的原因

(一)遺傳

「龍生龍，鳳生鳳」，聰明的父母所生的小孩應該也是聰明的。人類的智商，遺傳應為一個最主要的影響因素。就生物法則而言，精、卵細胞中的基因會代代相傳。

(二)懷孕期

母親懷孕時應注意下列之情況，比較可能生出資賦優異的下一代：

1.身體健康要良好。
2.由於胎兒發育期間所需營養均由母體提供，所以孕婦營養要充足、均衡，以利胎兒成長、發育。
3.情緒要穩定、心情要愉快，如此內分泌正常有利胎兒成長。
4.避免可能傷害胎兒的不利因素。

(三)後天環境

1.自然環境：山明水秀出人才、湘鄂多才子、地靈人傑，這些民間流傳之語言，均說明土地肥沃、物產豐富，居住在此的居民營養充足，才能造就健康聰明的下一代。像衣索比亞、莫三比克等國人民長期處在飢餓中，兒童活下去都有問題，如何能發展潛能呢？
2.社會環境：這是父母、保母、保育員、教師可以努力的。嬰幼兒自出生後，他們的五官就已開始運作。即使在家中也要多讓嬰幼兒四處看看、摸一摸，用五官來感受事物，可促進智能發展。此外，良好的家庭教育、學校教育與社會教育，相信對兒童潛能的開發占有舉足輕重的地位。

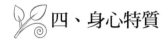

四、身心特質

(一)在生理方面

1. 身高、體重、頭圍、胸圍及身體健康等的發育普遍優於一般兒童。
2. 動作發展，例如粗細動作、大小肌肉發展、感覺統合能力、身體平衡感普遍優於一般兒童。
3. 感覺能力，例如視覺、聽覺、味覺、嗅覺、觸覺等都優於普通兒童。

(二)在心理方面

1. 情緒穩定：根據研究，資賦優異者的特質包括低焦慮、低沮喪（Coleman & Fults, 1982），情緒較穩定。
2. 自信心強：由於資賦優異的兒童能力較強，常有成功的經驗，被鼓勵、讚美的機會多，所以造成較高的自信心。
3. 記憶力強：在智力測驗中，資賦優異兒童的記憶廣度較強，能記憶較多位數的數字、字母或學習材料。此外，背誦材料的速度也比一般兒童快。
4. 語言發展良好：資賦優異的兒童，開始學說話的時間較早，語言能力發展也較好，語言障礙率與一般同齡兒童比較，發現有較低的現象。
5. 思考能力佳：資賦優異兒童較願意思考一些事情，或動腦筋解決一些問題。
6. 興趣廣泛：根據推孟（Terman）的研究，資賦優異兒童興趣廣泛，

尤其對於抽象方面的主題（如文學、歷史、數學等）更是如此（引自林寶貴譯，民78）。

7.學習動機強：資賦優異的兒童有較強的學習動機，對周遭事物探索性較強。

(三)在社會方面

1.人際關係好：由於智商高，故有較好的社會技巧，較能察言觀色，人際關係的應用較成熟。

2.喜歡與年齡較大的玩伴相處：由於智商高的兒童，其心理年齡的成熟度常高出自己的實足年齡，故日常生活傾向於喜歡與年齡較大的兒童一起玩。例如以一位實足年齡為六歲的兒童，若智商為一百五十時，其心理成熟度已達九歲（IQ＝心理年齡÷生理年齡×100），所以這位六歲兒童較傾向於和比自己年齡大的兒童一起玩，如此在玩的內容、思考模式可能較接近。

(四)身心障礙

不一定所有資賦優異學生都是身心健全，也就是說身心障礙學生也可能出現資優的特質，根據Karnes、Shaunessy與Bisland（2004）研究發現，自閉症者有3.3％為資優、語言缺損者有1.5％資優、肢體障礙者有1.4％為資優、腦部創傷者有2.2％為資優、聽覺障礙者有2％為資優（引自黃文慧，民96）。

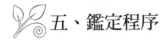

五、鑑定程序

目前我國資賦優異兒童的鑑定，通常分為初選與複選，鑑定的內涵綜合說明如下：

(一)教師推介

依目前我國實際情況，通常在小學二年級時辦理資賦優異兒童甄試，由級任老師對班上學童作推薦。其優點為教師長期觀察，對學童較瞭解。而其缺點則為普通班教師不一定具資賦優異的知識，可能推薦錯誤，以至於可能將好（或乖）學生與資優生劃上等號。

(二)智力測驗

初選時為避免遺珠之憾，通常可以推薦較多的兒童參加初選，因人數較多，通常採團體測驗，團體測驗的優點是可同時施測多位兒童，節省時間；缺點則是題目通常較少，題目代表性不夠，效度較差，且施測者無法觀察個別兒童在施測時的表現。經淘汰之後，部分學童進入複選階段，複選時採個別智力測驗，測驗的進行程序較嚴謹，題目的效度性較高。

(三)成就測驗

與學科測驗有關，例如國語、數學、物理、化學、生物等每一科的學習成就，或綜合成就測驗，這些表現通常也是資賦優異兒童必須考量的因素之一。

(四)創造力測驗

主要瞭解該資賦優異兒童的創造力如何？可作為將來教育上的參考。

(五)家庭訪問

特殊教育需要家長的配合，一方面可以瞭解資賦優異兒童在家中的表現如何；二方面未來在作教育安置時，需要家長的同意及參與。

(六)團體訪談

例如透過與同儕的訪談可瞭解資賦優異兒童的領導能力如何？人際關係如何？可作為未來實際教育的依據。

六、教育安置的方法

目前我國對資賦優異兒童的教育安置方法可分為兩種，說明如下：

(一)集中制

讓資賦優異兒童在同一班上課，即資優班。目前有智優班、音樂班、美術班、數理資優班等。

◆集中制的優點

其優點是大家能力都很好，教師可依照學生程度編製教材，更能符

合學生的需求。

◆集中制的缺點

1.集中上課，高手如雲，造成過度競爭，學童壓力大。

2.違反回歸主流的原則，資賦優異兒童與一般兒童失去交流的機會，將來進入社會恐有適應上的問題。

此外，傳統的集中式資優班，在升學主義之下，校長、老師和家長常將其視為「超級升學班」，給予更嚴厲的填鴨式教育，戕害了資優教育的本意。

(二)分散制

即讓資優兒童分散到普通班就讀。其優點在於資賦優異兒童在普通班就讀時因表現傑出，可培養自信心及領導能力。不過其缺點乃在學童程度不同，教師不易準備教材。為了改善這種問題，可以實施「分散式資優資源班」，亦即讓在普通班就讀的資優兒童能到資源班接受更深更廣或研究式的主題教學。為了避免影響資賦優異兒童在原班的課程進度，到資源班的時間通常安排在早自修、共同自修課或每天最後一節輔導課。

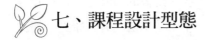

七、課程設計型態

對於資賦優異兒童的課程設計型態，可分為下列兩點說明：

(一)加速制

加速制至少可分提早入學、跳級、縮短教育年限三種模式。

◆提早入學

一般學童是年滿六歲入小學，不過資賦優異的幼童可至公立醫院兒童心智科或精神科鑑定智商，合格者可向該地小學申請提早入學。按目前我國現行教育體制，部分縣市有辦理資賦優異幼兒提早入小學就讀的制度，有些縣市則無。至於提早入學後的學生，在小學的適應如何呢？根據林怡秀（民90）的研究，在學習適應上，有七成以上的受試者經常名列前茅；在生理發展上，全部受試者完全不會及偶爾有寫字畫圖的困難，有八成受試者的體格並不矮小；在社會情緒適應上，九成五以上的受試者和老師維持大致及十分良好的關係，有占近九成的受試者有一些及很多知心同學，約占九成的受試者表示年紀對同學情誼全無影響及影響輕微；在緊張焦慮上，完成不會與偶爾緊張焦慮者約占八成五，九成的受試者大致與完全可以克服情緒問題。

◆跳級

例如結束國小三年級的課程後直接跳到五年級就讀。目前規定小學生最多可跳級二次，國中、高中及大學各一次。跳級的精神在於使兒童加速學習，提早畢業；其缺點則在跳過去的一年，其學習內容未學到，需做些補救措施，以免有適應上的困難。

◆縮短教育年限

根據郭靜姿（民89）歸納七種縮短修業年限方式的定義如下：

1.學科成就測驗通過後免修該科課程：係指資賦優異兒童某一科或多

科學業成就具有高一學期或高一年級以上程度等，在校可免修該課程。

2.逐科加速：係依據資賦優異學生學習成就優異之科目，將就讀教育階段內應學習之課程，以較少的時間逐科加速完成。

3.逐科跳級：係指資賦優異學生之部分學科程度，超越同年級學生一個年級以上者，採逐科跳級學習之方式，提早修習較高年級或較高教育階段之課程。

4.各科同時加速：係指資賦優異學生各科學習成就均優時，將就讀教育階段之課程，採全部學科同時加速之方式，以較少之時間完成。

5.全部學科跳級：係指資賦優異學生之全部學科程度，超越同年級學生一個年級以上者，於學期結束時，跳躍一個年級就讀。

6.提早選修高一年級以上之課程：係指資賦優異學生，其部分學科學業成就優異，超越同年級程度者，可提早選修高一年級以上部分課程。

7.提早選修高一級以上教育階段之課程：係指資賦優異學生，其部分學科學業成就優異，超越同年級程度者，可提早至高一級以上之教育階段之學校選修部分課程。

(二)充實制

充實制可分為水平充實、垂直充實、補充充實三種模式。

◆水平充實

由於資賦優異兒童的學習速度較快，所以除學校指定的教科書外，再選讀相同（類似）水準的教材，增加學習內容，也就是課程加廣的意思。

◆垂直充實

即課程加深。從比例智商觀念，資賦優異兒童的心理成熟度優於生理年齡，因此通常可學更高程度的課程。例如國小二年級的學童同時研讀三年級或四年級的課程。

◆補充充實

補充和課本無關，但和個人生涯發展有關的知識或能力。例如可讓小學學童學習日文、英語等各國語文或電腦、童子軍課程及活動。

八、教育與輔導的重點

對於資賦優異兒童的教育與輔導重點，可從下列幾方面來談：

(一)課程內容應重視高層次概念的學習

例如到動物園校外教學時，除了告訴兒童動物的名稱外，還可進一步讓兒童觀察動物的身長、身高、膚色、性別、食物習性等。

(二)重視思考能力的培養

當兒童發問時，不要直接回答，可以反問他，讓他去思考，若無法回答時再加以引導。在小學或國中課程中，亦可加入研究主題課程，例如：生命教育、死亡課題、時間管理、情緒管理、兩性互動、領導統御等。

(三)陶冶健全人格

資賦優異兒童若無健全人格，輕則可能與人格格不入，自私自利，重則可能淪為智慧型犯罪，危害國家社會安全甚巨。

(四)培養良好的社會技巧

資賦優異兒童無論是在學或將來到社會上工作、在居家生活、學習活動或職場上都不免要與人接觸，培養良好的社會技巧，除了與人互動較佳外，更可以發揮互助、領導、展現潛能的具體作為。

(五)訓練情緒控制能力

資賦優異兒童若常常鬧情緒，不但影響自己的學習與生活，更會影響周遭的家人、老師或同學，更有必要做好情緒控制的訓練。

(六)激發對社會的責任感

基本上每一個人無論上智與下愚，對社會都有責任，因此在教育上要激發資賦優異兒童的社會責任。

(七)注意生涯輔導的規劃

資賦優異兒童應該長期培養，所以要注意生涯規劃以讓其人生發展更為順暢。以音樂資優生的生涯發展目標為例，就教育的期待而言，似乎應在演奏或創作方面將其音樂潛能充分發揮。然而，受限於市場的因素，使得安定、穩定的教師工作，成為台灣地區音樂資優生成長後主要的出路（郭靜姿、林美和、吳道愉，民96）。

參考書目

何華國（民98）。《特殊兒童心理與教育》（第四版）。台北市：五南圖書公司。

林怡秀（民90）。〈提早入學資優生之追蹤研究報告〉。《資優教育季刊》，期79，頁13-17。

林寶貴譯（民78）。《特殊教育新論》。台北市：幼獅文化公司。

郭靜姿（民89）。〈談資優生縮短修業年限的鑑定與輔導方式〉。《資優教育季刊》，期76，頁1-11。

郭靜姿、林美和、吳道愉（民96）。〈音樂教師：女性音樂資優生的最佳選擇？〉。《資優教育季刊》，期103，頁12-18。

教育部（民101）。《身心障礙及資賦優異學生鑑定辦法》。

黃文慧（民96）。〈雙重特殊學生的理論與實務——三十年的探詢與發展〉。《資優教育季刊》，期102，頁1-19。

謝建全（民88）。〈資賦優異者之教育〉。載於王文科主編，《特殊教育導論》，頁505-582。台北市：心理出版社。

Coleman, J. M. & Fults, B. A. (1982). Self-concept and the gifted classroom: The role of social comparisons. *Gifted Child Quarterly, 26*, 116-120.

Karnes, F. A., Shaunessy, E., & Bisland, A. (2004). Gifted students with disabilities: Are we finding them? *Gifted Child Today, 27*(4), 16-21.

Chapter *3*

智能障礙兒童

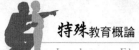

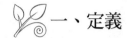一、定義

根據《特殊教育法》第三條第一款所稱智能障礙，指個人之智能發展較同年齡者明顯遲緩，且在學習及生活適應能力表現上有顯著困難者；其鑑定標準如下（教育部，民101）：

1. 心智功能明顯低下或個別智力測驗結果未達平均數負二個標準差。
2. 學生在生活自理、動作與行動能力、語言與溝通、社會人際與情緒行為等任一向度及學科（領域）學習之表現較同齡者有顯著困難情形。

依據魏氏兒童智力量表（標準差SD＝15），負二個標準差以下即智商在七十以下。在評量智能障礙兒童時還要注意下列幾點：

1. 生活自理能力：即自我照顧能力，例如洗臉、洗澡、吃飯等，兒童不會自行處理或自行處理有困難。
2. 動作與行動能力：智能障礙兒童的動作與行動能力發展明顯比一般兒童差。
3. 語言溝通能力：分為下列二者：
   (1) 表達能力：心裡所想的是否能明確地表達給別人知道。這牽涉到語言組織、語言表達的能力。
   (2) 理解能力：別人所傳遞的語言訊息是否能理解。
4. 社會人際能力：與同年齡兒童比較，智能障礙兒童的社會人際能力較差。
5. 情緒行為：人的情緒是分化來的。剛出生時只有興奮的情緒，經分化才有往後的恐懼、愉快、喜愛、嫉妒等情緒。智能障礙兒童的情緒分化較一般兒童慢，且不易控制自己的情緒，而情緒的表現通常

顯示在行為上。

二、分類

　　智能障礙兒童依教養特性、智商高低及心理年齡發展範圍可以分為三大類，說明如下（**表3-1**）：

　　第一，輕度智能障礙兒童又稱為可教育性智能障礙兒童，可以學習一些簡單的國語、數學、社會、自然等學科，教師宜針對他們的程度，設計適合他們的教材。

　　第二，中度智能障礙兒童又稱為可訓練性智能障礙兒童，可分兩點說明：

1. 在幼兒期和小學階段訓練生活自理能力為主，讓其在生活上儘量不依賴別人，如自己吃飯、穿衣、洗澡等等。
2. 國中以後除繼續訓練生活自理能力外，更施以簡單的社會適應及職業訓練，例如購物、搭車、簡單的手工、麵包烘焙、印刷、園藝、養殖、清潔工作等等。

　　第三，重度智能障礙兒童又稱為養護性智能障礙兒童，他們通常無法接受教育或技職訓練，一生都需依賴他人照顧。

　　何華國（民98）曾修正Gearheart與Litton（1979）依智能障礙的等

表3-1　智能障礙的分類

分類	智商	心理年齡發展範圍
輕度（可教育性）	50-69	約8-11或12歲
中度（可訓練性）	25-49	約4-7歲
重度（養護性）	24以下	約3歲（含以下）

表3-2　各類智能障礙的出現率

程度	在總人口的百分比	在智能障礙人口中的百分比
可教育性智能障礙	2.6	86.7
可訓練性智能障礙	0.3	10.0
養護性智能障礙	0.1	3.3
總計	3.0	100.0

資料來源：何華國，民98。

級，而推測各類智能障礙者所占的百分比如**表3-2**所示。

三、可能形成智能障礙的原因

(一)遺傳

　　基因若有缺陷可能造成智能障礙，智能障礙與遺傳有關（Steinbusch, et al., 2013）。根據美國精神醫學會（American Psychiatric Association, 1994）在《心理疾病的診斷與統計手冊》一書中提及：智能障礙者因遺傳因素造成的比例為5%。

(二)懷孕期

　　懷孕期間，可能因為孕婦本身的因素、飲食與營養的問題、生病與藥物的問題、外在汙染源的問題等等造成胎兒腦部發育不健全或受損，導致生出智能障礙的下一代。Mann、McDermott、Hardin、Pan與Zhang（2013）就指出，妊娠期病態的肥胖也可能是造成智能障礙的高風險因素。說明如下：

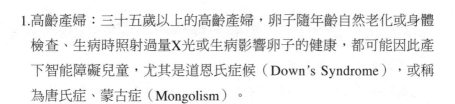

1. 高齡產婦：三十五歲以上的高齡產婦，卵子隨年齡自然老化或身體檢查、生病時照射過量X光或生病影響卵子的健康，都可能因此產下智能障礙兒童，尤其是道恩氏症候（Down's Syndrome），或稱為唐氏症、蒙古症（Mongolism）。

2. 懷孕期感染疾病：例如德國麻疹、腮腺炎、梅毒、流行性感冒、糖尿病都可能造成智能障礙的下一代。

認識唐氏症

此症為1866年英國醫生道恩（J. Langdon Down）發現而命名。道恩氏症兒童外表特徵是面部圓而扁平，舌頭常常伸出且厚而有裂縫，嘴唇厚而嘴巴小，頸、手、手指、腳等短小，皮膚鬆弛且乾燥，斜眼，手厚軟。

正常人的細胞中有四十六個染色體，而唐氏症就是第二十一對染色體多了一個，亦即細胞內有四十七個染色體，根據統計，台灣每八百個新生兒中，即有一名唐氏症兒。

唐氏症兒通常具中重度智力障礙，智商約在三十至五十之間。生下唐氏症的危險機率是隨著孕婦年齡增加而遞增，懷孕婦女年齡在二十歲時，生育唐氏症兒之危險率為1：1222，二十五歲時為1：1080，三十歲時為1：727，三十四歲時為1：379，四十歲時為1：90，四十五歲時為1：22。

唐氏症的篩檢法主要為羊膜腔穿刺，但由於此為侵襲性胎兒檢查，故有增加流產的可能性，但其準確性頗高。其他尚有先做母血篩檢及超音波檢查篩檢，但此為輔助性的。

資料來源：洪榮照，民89；郭保麟，民90。

認識德國麻疹

　　婦女在懷孕期間感染德國麻疹，就有可能導致胎兒罹患「先天性德國麻疹症候群」，發育中的胎兒受到德國麻疹病毒的影響而產生畸形或死亡，包括死產、自然流產，或是胎兒主要器官損害，如耳聾、白內障、先天性青光眼、心智發展遲緩、心房或心室瓣膜受損、黃疸及腦膜炎等可能單一或合併多種缺損出現。

　　德國麻疹的傳染係經由飛沫傳播，也可能經由接觸患者的口鼻分泌物而感染。我國自民國75年起，首先對國中三年級之女生進行全面性德國麻疹疫苗接種，民國81至83年接種國中三年級以下所有學童，民國81年1月起開始以MMR混合疫苗〔measles（麻疹）、mumps（腮腺炎）、rubella（德國麻疹）〕的方式，對十五個月大的嬰兒進行全面性免費預防接種。

資料來源：劉定萍，民90。

3.放射線：第二次世界大戰時，美國在日本投下的原子彈及1986年蘇聯車諾比核能電廠爆炸，外洩的放射線皆造成兩國新生兒畸形率偏高的情形。所以孕婦應避免照射X光。但放射線問題在預防上有死角，例如不知道已懷孕照X光。而照射部位和劑量也有關係，一般而言，以腹部X光的照射對胎兒的傷害最為嚴重。

4.藥物：孕婦因為慢性病如腎臟病、肝病等需長期服藥，或服用墮胎藥、安眠藥及麻醉劑使用不當，可能傷害到胎兒。孕婦用藥必須非常小心，應找合格醫師開立處方。

5.營養不良：孕婦營養不良，可能會影響胎兒腦部發育。

6.情緒不穩：孕婦情緒不穩引起內分泌失調，可能會影響胎兒腦部發育。

7.維他命服用不當：例如維他命A過量。

8.抽菸（含二手菸）：香菸中含有尼古丁等二、三千種化學物質，其中有部分可能會傷及胎兒腦部發育，所以孕婦應該盡可能的不要抽菸。

9.喝酒：酒精有麻醉作用，孕婦喝酒，會透過血液循環，由臍帶傳給胎兒，會造成胎兒智能不足（朱繼璋，民90）。

10.咖啡因：懷孕婦女喝咖啡是否會對胎兒的智力造成影響，目前並沒有直接證據。但經過一些動物實驗（如給懷孕的母鼠服用高劑量的咖啡因）以及人類的觀察結果，發現懷孕婦女經常的飲用含咖啡因飲料（包括咖啡、茶、可樂等），可能會影響智力、流產、新生兒體重較輕、嬰兒難以入睡等現象（胡津筌，民89）。

11.鉛中毒：鉛是種具有神經毒性的重金屬元素，在兒童期最普遍的表現形式是對智能的影響（孫安迪，民89）。

12.小頭症：小頭症的定義是頭圍在平均年齡和性別中小於三個百分位。有很多原因會引起小頭症，例如染色體異常、先天性感染、藥物等等，大部分小頭症的小孩都有智能發展遲緩的情形，故需早期療育、即早安排適當的照顧計畫（高慧芝，民90）。

13.近親通婚：Adams及Neel（1967）曾研究近親交配的風險，他們比較十八個近親婚姻（十二個是兄妹，六個是父女）的嬰兒與控制組（控制組的條件包括年齡、智力、社經地位和其他有關的特性）嬰兒的發展。在六個月的時候，近親婚姻中有五個嬰兒死亡，兩個有嚴重智力障礙而住院治療，三個顯示臨界智力，一個有兔脣。在所有十八個嬰兒中只有七個被認為是正常。相對的，控制組的嬰兒只有兩個不被認為正常，一個顯示臨界智力，另一個則有身體缺陷（引自游恆山譯，民89）。

(三)生產時

生產過程可能造成智能障礙的高危險群說明如下：

1. 產程過長：例如初產婦產道狹小，生產時間過長，或者臍帶纏住脖子造成缺氧，破壞中樞神經，導致智能障礙。

2. 器械或麻醉劑使用不當：例如難產時產鉗或吸引器使用不當傷到新生兒的腦部，可能會導致智能障礙。

(四)後天因素

1. 病毒的感染：例如罹患腦炎、腦膜炎、白喉、流行性感冒傷到中樞神經系統，這些疾病都有一個共同的特點，就是細菌、病毒侵入嬰幼兒腦部，使大腦受到傷害。

2. 長時間發燒過度：雖然發燒不是造成智能障礙的直接原因，但發燒表示有細菌或病毒入侵大腦。若只退燒不對症下藥殺死病毒，治標不治本，拖延病情可能傷害幼兒腦部，造成智能障礙。一般而言，發燒至41.7度以上（張培鑫，民90）或42度以上（張文華，民90）會造成智能障礙。

3. 意外事件：兒童容易因為意外事件的腦傷而導致智能障礙。例如幼兒被窗簾的繩子纏住脖子或塑膠袋罩住頭致使腦部缺氧、游泳溺水、頭部外傷，造成智能障礙。

4. 文化家庭性智障：此類智障導因於童年時代文化刺激不足，當後來早期療育介入後有可能恢復正常。

5. 甲狀腺功能低下：新生嬰兒罹患此症應該即早接受治療，其生長曲線、智力與常人無異，但若在六個月以後才開始治療，則平均智商只有五十九而已（高慧芝，民90）。

四、身心特質

　　智能障礙兒童在身心特質方面有部分異於一般兒童，說明如下：

(一)在生理方面

　　智能障礙兒童的身高、體重、頭圍、胸圍及身體健康大都比一般兒童差；其次在骨骼、牙齒的發展，也比一般兒童遲緩；感官（如聽覺、視覺、味覺、嗅覺、觸覺）功能較不敏銳；此外，動作發展較同年齡兒童差。

(二)在心理方面

1.注意力不集中：常無法對同一遊戲、玩具或功課作較持久的專注。

2.記憶力較差：對事物記憶的時間較短、記憶廣度狹窄。

3.想像力貧乏：無法像一般兒童一樣，有豐富的想像空間。

4.思考能力差：對於大腦功能思考能力的運作，表現常低於同年齡兒童的水準。

5.語言發展障礙，至少包括兩方面：

　(1)起步較晚，例如到了兩歲還不會叫爸爸媽媽，不會說單字句（one word sentence）。

　(2)語言障礙，例如構音異常、音質異常、語暢異常（參閱本書第六章）。

6.認知發展遲緩：以皮亞傑（Piaget）的認知發展為例，皮亞傑把兒童的認知發展分為四期，第一期是感覺動作期，重度智能障礙兒童通常一直停留在此期。中度智能障礙者通常可發展到第二階段的前操作期。輕度智能障礙者通常可以發展到第三階段具體操作期。至

於代數、幾何都屬抽象智慧的領域，依皮氏的理論，抽象智慧期為十一至十五歲的發展特徵，所以即使是輕度智能障礙學生也很難有機會進到第四期的抽象智慧期，學習這些抽象概念。

7. 自我中心：只能考慮到自己，但非自私。

8. 應變能力差：對突發事件可能無法處理，智能障礙兒童只能處理日常簡單的例行事情，對於需要應變的事務常不知所措。

9. 情緒不穩：因為挫折感大、容易被取笑、自卑，造成情緒不穩。

10. 挫折感大：由於能力的不足，智能障礙兒童常遭遇失敗的經驗，所以挫折感較大。

11. 求助性高：因為能力的不足，或常遇挫折，為了避免失敗，所以常求助於他人。

12. 固執：對於已建立的行為或生活習慣，若有更好的處理方式時，常抗拒改變。

13. 自卑：由於自己能力的不足，常遇到挫折，加上他人的譏笑、謾罵、侮辱，所以智能障礙兒童常常會感到自卑。

14. 自傷行為：Consoli等人（2013）發現智能障礙的兒童與青少年會有自我傷害的行為。

(三)在社會方面

1. 因為社會技巧差，所以在與父母、手足、老師、同儕建立良好關係上有顯著困難。

2. 由於心智年齡比實足年齡低，所以傾向與年紀較小的兒童玩。例如一位八足歲智商為五十的兒童，他的心智年齡通常約在四歲左右，所以這位八歲的兒童，若與八歲的一般兒童一起讀書、遊戲時，會顯得困難重重，因此，若能夠與年紀較小的兒童在一起可能會比較合適。

五、教育目標

對於智能障礙兒童的教育目標，可以分下列幾點說明：

1.促進身心健康：例如鍛鍊身體，增進體適能，加強心理衛生輔導。

2.培養生活自理能力：使其日常生活食衣住行能夠自理，而儘量不需依賴別人。

3.培養團體生活的能力：不論幼兒園、國民小學或中學都是過著團體生活，希望藉此學習機會更能適應將來的社會生活。

4.協助基本知能的學習：基本知能包括日常生活基本知識和自理能力，例如簡單的衛生常識、金錢使用、搭乘公共汽車等。

5.培養職業生活的能力：學齡前和國小階段大小肌肉的訓練，對未來從事工作有幫助。國高中職階段則培養簡單的職業技能，以便在離開學校之後，能有一份合適的工作。

6.休閒生活的輔導：智能障礙兒童常遭遇挫折，且常常有一些負面的情緒，所以心理不是很健康，如此，輔導休閒活動就顯得更加重要，可促使其活潑快樂，並增進身體健康。

7.適應體育：學校的體育訓練可促進智能障礙學生發展性能提高（Baran et al., 2013）。體育活動能增進智能障礙學生與他人互動的機會，也能減少不適當之行為，例如自虐、身體抖動、破壞性舉動等。國中小智能障礙學生參與適應體育活動，可提升智障學生粗大動作與精細動作的發展，增加動作的協調能力，增進其動作技能以提升其生活之品質（張佳玲、黃志成，民102）。

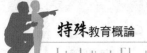
六、教育安置的方法

目前我國對智能障礙兒童的安置方式有下列幾種：

(一)啟智學校

通常中、重度的智能障礙兒童較適合安置在啟智（或特殊）學校，優缺點說明如下：

◆優點

1. 易網羅啟智專業師資。
2. 設備較為完善，舉凡可以為啟智教育實施的教材、教具可以充分製作或購置。

◆缺點

1. 無法達到「回歸主流」的教育理想。
2. 若從小就一直在特殊學校就讀，將來可能較難適應一般社會生活。

(二)啟智班

啟智班可分為學校啟智班及機構啟智班兩類。

◆學校啟智班

通常為自足式，即啟智老師包辦所有課程。這種安置方式可稱為「部分隔離」，亦即不像特殊學校完全將智能障礙兒童與一般兒童隔離，也不像普通班一樣融合在一起上課。

◆機構啟智班

　　例如在智能障礙兒童教養院或啟智中心設啟智班，方便中、重度障礙兒童就學。

台北市士林國小啟智班概況簡介

一、沿革——細說從頭

　　本校啟智班設立於民國67年，初期僅招收輕度智能不足兒童。民國85年增設多重障礙班，由校內啟智班教師移撥兩位負責校外巡迴在家教育學生之教學輔導工作。並由教育局協調醫療系統資源成立復健巡迴醫療團，以本校為北區醫療中心學校，統籌負責北區各國小身心障礙學生醫療復健工作，由職能治療師及物理治療師，還有語言治療師定期進駐本校服務。

　　民國87年增設身心障礙資源班，配合融合教育政策之推動，以支援普通班級中的特殊兒童個別化教學服務。

　　目前設有輕度班三班，中度班一班，在家教育巡迴班一班，學生人數多達三十多人。

二、我們的課程與教學

　　實用語言、社會適應、休閒教育、生活教育、職業教育、實用數學。

三、教學特色與重點

　　1.注重個別差異。

　　2.團體混合教學。

　　3.協同教學。

　　4.注重教學評量。

資料來源：《台北市士林國小家長會訊》，民91。

(三)資源班

智能障礙兒童平時在普通班上課，符合「回歸主流」的理念，但學習上可能有困難，所以每週抽離數小時到資源班，由特殊教育老師個別或小組加以輔導。

(四)在家教育

極重度智能障礙兒童上下學有困難，可施以在家教育，由學校每週定時派教師到家上課。這些家庭在九年義務教育期間可領教育代金。

(五)普通班

由於「回歸主流」與「啟智班不普遍」，所以將智能障礙學生安置在普通班中。新式融合教育即早將智能障礙兒童安置在普通班，可改善將來社會適應問題，所以普通班教師最好也具備特殊教育的知能。

原則上兒童六歲入小學，但對智能障礙兒童可考量延後一年入學的可行性，因為晚一年就學，比當年就學，會有較好的適應及吸收知識的能力，特別是在這一年，家長或醫師有較好的教育計畫時。雖然他們最終仍敵不過智商較好的兒童，但是他們在小學教育階段，可能獲得比當年入學、相同智商的兒童還要好的知識累積。這可使義務教育發揮最大的功效，也可能有助於義務教育以後的就業機會（賴慧貞，民90）。

參考書目

台北市士林國小家長會訊（民91）。〈啟智班概況簡介〉。《台北市士林國小家長會訊創刊號》。民國91年6月1日。

朱繼璋（民90）。〈孕婦用藥安全〉。《嬰兒與母親月刊》，期298，民國90年8月，頁208-211。

何華國（民98）。《特殊兒童心理與教育》（第四版）。台北市：五南圖書公司。

洪榮照（民89）。〈智能障礙者教育〉。載於王文科主編，《特殊教育導論》。台北市：心理出版社。

胡津笙（民89）。〈孕婦及哺乳期母親應少喝咖啡〉。《台灣日報》，民國89年4月21日，13版。

孫安迪（民89）。〈鉛傷害兒童智力、削弱免疫力〉。《中國時報》，民國89年5月23日，39版。

高慧芝（民90）。〈頭頸異樣觀測法〉。《幼兒生活雜誌》，民國90年2月，頁137-140。

張文華（民90）。〈講求速效的就醫迷思〉。《嬰兒與母親月刊》，期298，民國90年8月，頁172-176。

張佳玲、黃志成（民102）。〈適應體育在國中小啟智班的應用〉。《空大學訊》，期481，頁136-145。

張培鑫（民90）。〈寶寶發燒會不會燒壞腦袋瓜？〉。《嬰兒與母親月刊》，期298，民國90年8月，頁158-162。

教育部（民101）。《身心障礙及資賦優異學生鑑定辦法》。

郭保麟（民90）。〈唐氏症篩檢的三種方法〉。《嬰兒與母親月刊》，民國90年11月，頁102-108。

游恆山譯（民89）。《變態心理學》。台北市：五南圖書公司。

劉定萍（民90）。〈遠離德國麻疹〉。《嬰兒與母親月刊》，期296，民國90年6月。

賴慧貞（民90）。〈延緩入學好不好？〉。《國語日報》，民國90年7月2日，13版。

American Psychiatric Association (1994). *Diagnostic And Statistical Manual Of Mental Disorders* (4th ed.). Washington, DC: American Psychiatric Association.

Baran, F., Aktop, A., Ozer, D., Nalbant, S., Aglamis, E., Barak, S., & Hutzler, Y.(2013). The effects of a Special Olympics Unified Sports Soccer training program on anthropometry, physical fitness and skilled performance in Special Olympics soccer athletes and non-disabled partners. *Research in Developmental Disabilities, 34*(1), 695-709.

Coleman, J. M. & Fults, B. A. (1982). Self-concept and the gifted classroom: The role of social comparisons. *Gifted Child Quarterly, 26*, 116-120.

Consoli, A., Cohen, J., Bodeau, N., Guinchat, V., Wachtel, L., Cohen, D. (2013). Electroconvulsive therapy in adolescents with intellectual disability and severe self-injurious behavior and aggression: a retrospective study. *European Child & Adolescent Psychiatry, 22*(1), 55-62.

Gearheart, B. R., & Litton, F. W. (1975). *The Trainable Retarded: A Foundations Approach*. St. Louis, Missouri: The C. V. Mosby.

Mann, J. R., McDermott, S. W., Hardin, J., Pan, C., & Zhang, Z. (2013). Pre-pregnancy body mass index, weight change during pregnancy, and risk of intellectual disability in children. *Bjog-An International Journal of Obstetrics and Gynaecology, 120*(3), 309-319.

Steinbusch, C. V. M., van Roozendaal, K. E. P., Tserpelis, D., Smeets, E. E. J., Kranenburg-de Koning, T. J., de Waal, K. H., Zweier, C., Rauch, A., Hennekam, R. C. M., Blok, M. J., & Schrander-Stumpel, C. T. R. M. (2013). Somatic mosaicism in a mother of two children with Pitt-Hopkins syndrome. *Clinical Genetics, 83*(1), 73-77.

Chapter *4*

視覺障礙兒童

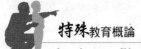
一、定義及種類

　　《特殊教育法》第三條第二款所稱視覺障礙，指由於先天或後天原因，導致視覺器官之構造缺損，或機能發生部分或全部之障礙，經矯正後對事物之視覺辨認仍有困難者；其鑑定標準如下（教育部，民101）：

1.視力經最佳矯正後，依萬國式視力表所測定優眼視力未達0.3或視野在二十度以內。
2.視力無法以前款視力表測定時，以其他經醫學專業採認之檢查方式測定後認定。

　　以上是教育部鑑定視覺障礙兒童的標準。依教育的觀點，視覺障礙指無法或困難用視覺來學習。若是無法用視覺來學習為全盲，其視力設定值優眼未達0.03，通常以點字為主要學習工具，因此，全盲又稱為「點字閱讀者」。若用視覺來學習有困難則是弱視，其視力測定值優眼介於0.03（含）以上，未達0.3，或是視力測定值優眼在0.3以上，但其周邊視野在二十度以內者，在學習活動中，須將教材字體適當放大（用放大鏡或擴視機），而仍然以文字為主要學習工具者，有人稱為「放大文字閱讀者」。

　　根據教育學者的分析，人類獲取經驗的途徑是：(1)視覺經驗約占40%；(2)聽覺經驗約占25%；(3)觸覺經驗約占17%；(4)味覺及嗅覺經驗約占3%；(5)其他各種有機感覺經驗約占15%。由此觀之，視覺障礙學生僅能憑60%的感覺來汲取各種經驗（杞昭安，民89），所以視覺障礙學生在學習上會有很大的困難。

二、造成視障的原因

(一)先天性視障

先天性視障通常包含兩類,一類是遺傳,和基因有關;一類是懷孕期間發生狀況。列舉如下:

◆眼球萎縮

一般人的眼球外凸,不過有些視覺障礙兒童的眼球內凹,通常是玻璃體萎縮的緣故。

◆白內障

白內障是水晶體混濁。因為基因退化的關係,一般老人多多少少都有白內障的現象,然而,少部分嬰兒期即出現白內障。論其原因,可能與孕婦感染德國麻疹、梅毒、弓漿蟲有關(徐振傑,民90;顏敏芳,民90)。白內障的兒童通常會有下列四種症狀:

1.視力有如雲霧當前一般,看不清楚。
2.視力狀況隨光線明暗而有變化。
3.複視現象。
4.畏光且容易疲勞。

◆青光眼

青光眼是因為眼壓過高損害眼角膜及視神經所造成的。

(二)早產兒視網膜病變

出生體重小於一千五百克,週次低於二十八週的早產兒發生視網膜病變的機率很高,可能引起視網膜剝離導致視力嚴重受損(顏敏芳,民90)。眼睛構造圖見**圖**4-1。

(三)腦瘤

大腦的後腦枕葉是視覺中樞的部位,若在此長瘤可能直接傷到視神經造成視障。

(四)傳染性病變

包括腦炎、腦膜炎和角膜炎等等,若發炎的部位是視覺中樞的話,將傷到視神經造成視障。游泳時水不乾淨,或使用不潔毛巾,很容易得到急性角膜炎,治療不當可能變成慢性角膜炎,而導致視障。

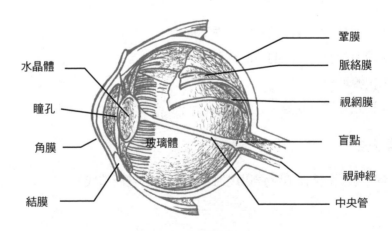

圖4-1　眼睛構造圖

(五)外傷

兒童偶爾發生尖物刺傷眼睛事件，另外還有火燒傷眼睛、爆炸、電線誤觸眼球、外力猛烈撞擊（如拳頭、足球）等意外事件造成視覺障礙。

(六)淋病

孕婦若患淋病，新生兒經過產道時就可能被感染，若治療不當，會導致角膜潰瘍，進而引起角膜穿孔，而有失明之虞（李信成，民90）。

(七)染色體異常

指白膚症。把白膚症列為視障，是因為白膚症者會有懼光的現象。

(八)隱形眼鏡使用不當

隱形眼鏡使用不當可能造成失明，例如未做好隱形眼鏡的清潔保養，配戴時間過久而造成眼球缺氧，或因感染而造成角膜潰爛。此外，隱形眼鏡破裂也可能傷及角膜或眼球造成失明。

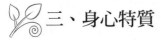 三、身心特質

視覺障礙兒童的身心特質可分下列幾點來說明：

(一)生理特徵

1.觸覺行為：如經常揉眼睛、反覆摸鼻子及耳垂、觸摸自身各部分、咬手指。

2.視覺行為：主要是弱視兒童常顯現的行為特徵，如盯著光源不動、追蹤光線、對著光線不斷眨眼、用手在眼前做各種動作、眼球經常顫動、斜視、瞇眼、接近目標物看、視線無法正確對準目的物等。

3.運動行為：如前後左右搖動自己的身體、聳聳肩、抖抖手，需用手眼協調之作業或遊戲，表現較差。

4.恆常行為：因為無法用眼睛接收四周的訊息，所以常顯現表情呆板，喜歡獨坐。

5.走路行為：常顯得緊張，非常謹慎小心。

(二)社會行為

1.被動：一般外向者喜歡主動交朋友，視覺障礙兒童因為看不到他人，所以只好被動地等待別人的友誼。我們遇到視覺障礙兒童時，也應主動打招呼，因為他可能看不到周圍的人。

2.依賴：視覺障礙兒童因為行動上的不方便，所以常需依賴他人。

(三)語言發展

◆視覺經驗與語言符號的統合感覺困難

一般人語言和所看到的東西可以輕易的建立連結關係，視覺障礙兒童因為看不見，所以在統合方面有困難。

◆肢體語言運用有困難

揮揮手即是肢體語言，但視覺障礙兒童看不到。一般人會以點頭表示同意，搖頭表示不同意，視覺障礙兒童同樣因為看不到而無法運用。又如，視覺障礙學生在學游泳時，即無法看到教練所做分解示範動作，只能靠教練拉動他的手、腳及身體來學習。

◆用聽覺學習語言比較多

前已述及人類的學習經驗中，視覺占的比重最多，視覺障礙兒童既然看不到，只好退而求其次用聽覺來學習。也因此常造成一般人對視覺障礙者的誤解，認為盲人聽力較好，其實這是訓練的結果。

◆語言特徵

視覺障礙兒童的語言特徵說明如下：

1. 在語法方面：不易懂名詞、動詞、代名詞、副詞、形容詞、助語；詞性的排列沒有規律；字、詞、單句不易分辨。
2. 在語用方面：亂套成語，如：今天天氣很好，真是「天高氣爽」；自創語詞，尤其臺語國語化，如：「無禮無數」。
3. 在語意方面：特徵是不求甚解，用字經常張冠李戴，如：東瓜、西瓜、南瓜、北瓜，北瓜則無此東西，但盲生會問這是什麼東西？
4. 在語音方面：常有發音錯誤的現象，如ㄛ音，視障學生大部分誤讀為ㄨㄛ的結合韻。
5. 語言理解方面：視障兒童的理解能力比同年齡之兒童差，且常有錯誤的理解，如：警報聲的「長」，被想像成警報器的形狀是「長」的（林寶貴，民92）。

(四)智力

◆因為缺乏文化公平測驗，導致視覺障礙兒童智商較低

目前的智力測驗都適合於一般兒童，而沒有專門對視覺障礙兒童所編製的智力測驗，所以視覺障礙兒童在做智力測驗時較不利。例如問一般兒童「在十字路口遇到紅燈該停止還是繼續走」，對一般兒童而言大都沒有問題，但對視覺障礙幼兒可能就有困難。因為他們可能沒有這樣的視覺經驗，除非他被教導過且將答案死記下來。而智力測驗就有類似這樣的題目，所以視覺障礙兒童測出來的智商較低。

◆因為視覺經驗的欠缺，阻礙智能發展

刺激愈多愈有助於腦力的開發，但視覺障礙兒童看不到，無法接收多樣的刺激，刺激少，智力的發展也就差了。

(五)閱讀行為

弱視的兒童在閱讀時常有下列的行為表徵（劉信雄等，民89）：

1.對圖畫書籍不感興趣。

2.閱讀時容易疲勞，無法長久持續。

3.朗讀時速度慢，經常跳字或跳行。

4.對形體相似的字常唸錯或誤認，如「貧」與「貪」、「辦」與「辨」或「今」與「令」。

5.對字體筆劃較多的字，常無法正確書寫。

(六)學業成就

總括來說，視覺障礙兒童比一般兒童的學業成就差，原因可能是：

◆成就動機不高

一般兒童從小就會立志長大後要當總統、老師、科學家等等，有很多很多的抱負，這是幻想期。然後隨著年齡、學業成就、興趣而做修正及落實。但視覺障礙兒童考慮到自己的障礙而不敢有太大的抱負，他們可能只有基本的期許，希望長大後能有一個穩定的工作就很滿意了。

◆概念的學習有困難

例如代數、幾何等抽象概念的學習，因為看不到點、線、面、立體等，不知何謂點，何謂線，何謂面，所以學習有困難。

◆對於某些物體、事物的學習有困難

例如太大和太小。他們無法看到玉山和陽明山，即使讓他們實際去爬這兩座山，也是無法分出它們的高低與大小；又如蚊子和螞蟻等體積太小的昆蟲、火和硫酸等危險物品，他們也是無法用實際的觸摸來瞭解是什麼；此外，太高的東西，如高樓、巨木；太遠的東西，如星星、月亮、遠山；太複雜的東西，如鐘錶內部的結構；動態的東西，如射擊、飛靶；抽象的東西，如彩虹、顏色等，他們在學習上也有困難。

◆需花許多時間去學點字及行動訓練

視覺障礙的學生因為視覺學習上有困難，所以需要學習其他更多的技能來幫助他們。點字和行動訓練即是其中兩項很重要的學習內容，常占用他們不少學習時間。

(七)異性互動

◆師生關係

除了正常的師生關係外，由於視障教育老師與學生常有肢體的接觸，這種情況，在小學大致上沒問題，到了青春期漸漸凸顯出來。尤其發生在女學生和男老師的身上。因為男教師須拉女學生的手觸摸東西學習。青春期的女生可能會因為男女授受不親而覺得尷尬。如此情形在上按摩課時會更嚴重，因此，有些教學常改為女老師教女生按摩。

◆異性交往

視覺障礙生和一般生一樣，過了青春期以後也有戀愛結婚的問題。大致上視障者和視障者結婚的情況較多，鮮少一般人和視障者結婚。

國旗到底是怎樣升上去的？

那是我在盲聾學校執教的第四年，有天夜裡，我為一陣清亮甜脆歌聲驚醒，聽得出來是好些孩子在齊聲唱。細看夜光錶，是深夜兩點，奇怪！是哪些孩子如此豪情，竟半夜三更到學校裡來唱歌，我自己的視力也很弱，仔細傾聽了一下，聽出來是低年級的小盲生，在哪裡唱升旗歌：

「國旗！國旗！

迎著朝陽，冉冉升起；

臨風招展，多麼美麗。

青天白日滿地紅，

和平博愛敬大同。

國旗！國旗！

冉冉升起，多麼美麗；

我們愛您，向您敬禮。」

這首歌，記得是我上星期才教會他們的，他們當時雖然很愛唱這首歌，但無論如何現在已是深夜兩點了，我想不通他們為什麼會在半夜三更大伙兒跑到操場上來唱這首歌？我忍不住起床走下樓去，躲在椰子樹後，偷偷地遠望。這才發現有四、五個小盲生，站在升旗台上，圍著旗杆，正嘰哩咕嚕地討論著什麼，忽然我聽見旗杆頂上有人興奮的大叫：「摸到了！我摸到了！是一個小輪子啊！」下面另一個盲生也等不及地叫：「該我了！你快下來，該我爬上去看了。」我很著急想制止他們，可是又不敢大聲喊叫，萬一旗杆頂上的盲生聽到老師來了，嚇得鬆了手掉下來，不是糟了嗎？可是，不喊叫，小孩子也可能自己掉下來，任何小孩爬旗杆都是一件危險的事，何況他們是瞎眼的小孩，而此刻又是深夜兩點。

過了好一會兒，等旗杆頂上的那個盲生慢慢滑下來了，我才走過去，叫住正要接著往上爬的一位：

「小朋友，你們幹什麼？」我急忙說：「你們不知道半夜沒人的時候來爬這樣細的旗杆是多危險的事嗎？如果跌下來怎麼辦呢？」

「老師，我們盲生沒有升過旗……」

「我不是在上課的時候已經讓你們摸過國旗了嗎？你們不是摸過白日的十二道光芒嗎？你們不是曉得青天、白日、滿地紅的位置嗎？你們不是知道它所代表的自由、平等、博愛的意思嗎？」

「可是，老師，學校只讓我們參加升旗典禮……」

「老師，我們只聽到有人喊口令，聽到樂隊在演奏，同學在唱國歌，我們還是一直不知道升旗是怎麼一回事？……」

> 「所以,老師,我們偷偷半夜爬起來,想站在升旗台上,爬到升旗杆上,摸摸國旗到底是怎樣升上去的?」
>
> 我把小盲生趕回去睡了,自己卻久久不能成眠,國旗到底是怎樣升上去的,怎樣在我們的國度上飄揚的,明眼人曾否比小盲生付出過更多的關懷呢?
>
> 資料來源:劉平寬,民70。

四、教育原則

對視覺障礙兒童的教育,最好遵循下列原則,更能發揮教育上的效果。

(一)統整原則

過去聽過瞎子摸象的故事,請瞎子摸象後再請他們統合一下所摸的東西,結果有困難,因為他們沒有看過真正的象。又如房子有窗子、門等等,即使我們告訴他房子有多高,他們也是無法整合。所以,教育視覺障礙兒童時統整問題非常重要,也就要教他整體概念,而不是部分,這也符合完形學派的理論。

(二)做中學原則

也就是讓視覺障礙兒童用手來操作,而不要只是老師口述。實際操作的學習比較不容易忘記。

(三)增廣見聞原則

俗語說：「行萬里路，勝讀萬卷書。」我們應該讓視覺障礙兒童多到戶外走走，增加見聞。例如去爬山、去海邊、去逛百貨公司，告訴他們聽到的是什麼聲音，聞到的是什麼味道，以及摸到的是什麼東西等等，提供他們視覺以外的學習，如此他們的知識會更廣博。

(四)具體原則

顧名思義就是讓視覺障礙兒童學習具體東西，不要學抽象的，如此其學習效果會更好。

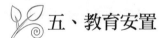

五、教育安置

目前我國的視覺障礙兒童安置方式約有下列幾種：

(一)啟明學校

分幼稚部、小學部、國中部、高中部及高職部，幼稚部依《幼稚教育法》之規定，以健康教育、生活教育及倫理教育為主，並與家庭教育密切配合，此外並施予簡單的定向及行動訓練。小學部除授予一般國小課程外，加授點字、定向訓練與生活訓練。國中部除了一般課程外，另加定向及行動訓練、初級按摩與工廠實習。高中部除授與一般高中課程外，另輔以升學輔導。高職部除了一般高職課程外，另加授經穴學、電療、病理學、解剖學、木工、綜合樂器、按摩、指壓等，目前我國有三所啟明學

校：國立台中啟明學校（民國57年成立）位於台中市后里區、台北市立啟明學校（民國84年成立）位於台北市士林區與私立惠明學校（民國50年成立）位於台中市大雅區。

(二)混合教育

自民國56年開始，當時的台灣省實施「視覺障礙兒童混合教育」，先在各縣市成立「視覺障礙學生調查鑑定委員會」，於每學年度開始前，調查鑑定轄區內現有學齡視覺障礙兒童，並由各縣市政府視實際交通狀況，安置就讀離家最近的國民中、小學，不受原有學區之限制。視覺障礙學生入學後，一般課程如國語、數學、社會、自然等課程，仍由各該班級之教師，與普通學生同樣實施教學；另輔以特殊課程，如點字、定向及行動訓練、生活訓練等課程，由受過專業訓練的「視覺障礙兒童混合教育巡迴輔導員」負責指導。

提供給視障學生的學習材料大致可有下列四種：

1.普通課本：輕度弱視兒童可用放大鏡或擴視機閱讀。
2.大字體課本：適合弱視兒童閱讀。
3.點字書：適合全盲兒童摸讀。
4.有聲書：即錄音帶、CD，適合弱視或全盲兒童聽。

一般而言，需要視覺障礙兒童重複閱讀的資料可用點字呈現，而只需概括理解或無須背誦的資料可以用有聲方式代替（愛盲簡訊，民90）。

六、視覺障礙學生的教學

老師在教導視覺障礙學生時，需依學生之特質做適當的教學，分述如下（劉信雄等，民89）：

(一)全盲學生的教學

1. 注意盲生的盲行為：有些盲生會用手擠眼睛、身體前後搖擺等行為習癖；或是說話時，不能和別人的眼神做接觸及面對面的交談，如需治療時，可與巡迴老師討論行為矯治的策略。

2. 勿時常移動教室內物品：教室內的擺設有所變更時，要告訴班上的盲生，讓他重新建立心理地圖，以避免撞上講桌或其他障礙物。

3. 指名回答：上課中若要盲生回答問題，要叫他的名字。

4. 指示要明確：對盲生方向指示要明確，盲生不知所謂的「這裡」是右或是左。

5. 投影片：應用投影片教學時，事先將投影片的內容譯成點字，讓盲生在上課之前，能預習投影片的內容。

6. 幻燈片：如使用幻燈片上課時，讓小老師為其小聲報讀幻燈片的內容，或是主要概念。

7. 戶外教學：請一位小老師隨時提供所見所聞，讓盲生隨時透過解說瞭解外在世界。

8. 讚美盲生：老師讚美盲生時，不要忘記盲生無法看到老師面部的表情與手勢，要並用肢體語言與口語，以便讓盲生聽得到與感受得到。

9. 向盲生打招呼：如果盲生獨自在教室，老師或是同學進入教室時要

先向盲生打招呼，讓他知道進入教室的人不是陌生人，以減輕恐
慌。

(二)弱視生教學

1. 合宜的照明：尤其是黑板的地方，合宜的亮度可讓多數的弱視生能
看清老師所寫的板書。

2. 注意顏色對比：老師上課時所用的粉筆顏色與黑板顏色的對比要
大，才有助弱視生閱讀。如白色與黃色的粉筆配上墨綠的黑板，可
呈現較為清晰的字體。

3. 座位的安排：一般而言，巡迴輔導老師會建議級任老師將弱視生安
排在教室第一排，且在兩排燈管中間的位置。這個位置對弱視學生
有兩個好處，其一看不清楚黑板上的板書時，可方便移到黑板前觀
看；其二是在兩排照明燈的中間，可以避免桌面或是書面產生眩
光。

4. 可調式課桌：學校安置有弱視生時，應請行政部門協助採購可調高
度與斜度的桌子，讓弱視生可依其實際上需要，調整高度與斜度，
以便獲得最佳的閱讀與書寫距離。

5. 實物演示：教學時教師若以實物或是圖表輔助教學時，請注意不要
背對光源。背對光源時，弱視生必須面對光源，有些學生對光線會
很不舒服而瞇著眼時，也看不清老師的臉與手中正在演示的實物或
是圖表。

七、定向及行動訓練

視覺障礙兒童常常不易建構正確的心理地圖，在行動中對方位的確定與把握不易，對過度複雜的環境不易適應，居家生活環境中的擺設隨意改變，也難以找尋，因此，有必要做些行動上的訓練。

(一)目的

擴展生活空間、增加個人行動自由，達成獨立生活的目標。也就是教他們辨別方向，讓他們行動自如。這兩項訓練對視覺障礙兒童特別重要。

(二)定向訓練

即辨識正確方位、空間距離，以及物體間的相對位置，要訓練盲人在行動時有一種心理空間地圖，然後才可以循此線索有效地運動；例如在學校上課，視覺障礙學生從未看過教室，所以必須在教室裡到處走走摸摸，以瞭解教室的空間方位，才好在教室裡活動。基本上視覺障礙幼兒會爬、走以後就須做在家中的定向訓練，如到廚房、廁所、房間的方位等，更大一點的視障兒童就要有戶外的定向訓練，至於住在台北市的視障成人就要有台北市的心理地圖。

(三)行動訓練

訓練視覺障礙兒童利用身體運動，從某個位置移到另一個位置，包括有效協調、運動軀幹手足、保持正確姿態以及有效而安全的走動。一般

的兒童走路都會摔倒，更何況是視覺障礙兒童，所以我們有必要為視覺障礙兒童做行動訓練。也就是如何讓他快速、安全地到達他想到達的地方。

八、盲人行動法

行動可以拓展視覺障礙兒童的學習空間，是無障礙學習環境重要的一環，其方法介紹如下：

(一)獨立行動

有別於其他行動法，獨立行動是視覺障礙兒童自己獨自行走，所以為了安全起見，他們必須摸著牆壁或用手遮住頭等身體部位來保護身體。例如在公園中行走，用手遮住頭部可避免頭被樹枝戳傷。

(二)人導法

是由他人來輔助視覺障礙兒童前進，如果兩個人的高度差不多的話，輔助者在前面，視覺障礙兒童退後半步，用左手握住輔助者的右手臂。因為我們習慣靠右行走，若有來車較不會撞到視覺障礙兒童。退後半步則有幾個原因，例如輔助者可能不小心絆倒，絆倒前可趕快甩開視覺障礙兒童的手，以免視覺障礙兒童跟著絆倒。又如上樓梯時，視覺障礙兒童可由輔助者身體的高低變化知道是要上樓還是下樓。如果視覺障礙者是小孩，而輔助者是大人的話，直接拉他的手掌即可。

(三)犬導法

是用導盲犬帶路。基本上，視覺障礙兒童不適用此法，因為導盲犬通常分配給盲成人使用。

(四)杖行法

是利用手杖。比較傳統的手杖是白色的，尖端靠近地面處是紅色的。白色代表權威，也就是告訴他人我是盲人，有優先通過的權利。紅色表示警戒，即我是盲人請不要撞我。但是這種手杖攜帶不方便，目前使用較多的是摺疊式的手杖，進教室（房間）後可摺疊收好。

(五)科技輔助器材

例如雷射手杖、帽子，遇有障礙物會發出音波警示。

參考書目

李信成（民90）。〈眼睛異常觀測法〉。《育兒生活雜誌》，民國90年2月，頁134。

杞昭安（民89）。〈視覺障礙者之教育〉。載於王文科主編，《特殊教育導論》。台北市：心理出版社。

林寶貴（民92）。《語言障礙與矯治》。台北市：五南圖書公司。

徐振傑（民90）。〈避免生出畸形兒〉。《嬰兒與母親月刊》，期301，民國90年11月，頁160-164。

教育部（民101）。《身心障礙及資賦優異學生鑑定辦法》。

愛盲簡訊（民90）。《淺談台灣點字與點字教科書問題》。財團法人天主教福利會光鹽愛盲服務中心出版。

劉平寬（民70）。〈國旗到底是怎樣升上去的？〉。《婦女雜誌》，民國70年3月，頁12。

劉信雄、王亦榮、林慶仁（民89）。《視覺障礙學生輔導手冊》。教育部特殊小組主編。國立台南師範學院印製。

顏敏芳（民90）。〈嬰幼兒常見的眼睛疾病〉。《嬰兒與母親月刊》，期301，民國90年11月，頁206-210。

Chapter **5**

聽覺障礙兒童

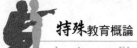
一、定義

　　根據《特殊教育法》第三條第三款所稱聽覺障礙，指由於聽覺器官之構造缺損或功能異常，致以聽覺參與活動之能力受到限制者；其鑑定標準如下（教育部，民101）：

1. 接受行為式純音聽力檢查後，其優耳之500赫（Hz，為hertz之簡寫）、1000赫、2000赫聽閾平均值，六歲以下達21分貝以上者；七歲以上達25分貝以上。
2. 聽力無法以前款行為式純音聽力測定時，以聽覺電生理檢查方式測定後認定。

　　聽覺障礙大致可分為兩類，一是全聾（deaf），一是重聽（hard of hearing）。依上述「機能發生部分或全部之障礙」，全聾應是全部障礙，重聽則應為部分障礙，導致對聲音的聽取或辨識有困難。上述所提優耳（better ear）指聽力較好的那隻耳朵。

　　全聾分為兩種：(1)完全聽不到；(2)優耳語音頻率聽閾達90分貝以上，還是可以感受到一些聲音，例如鞭炮聲、飛機起降聲、炮彈爆炸聲、挖土機挖馬路的聲音等，這些聲音通常超過90分貝以上，他們可有些許音感，但可能無法聽清楚。

　　重聽可分為：(1)輕度：優耳語音頻率聽閾達25～39分貝；(2)中度：優耳語音頻率聽閾達40～59分貝；(3)重度：優耳語音頻率聽閾達60～89分貝。

二、聽力測驗

由**圖5-1**顯示：Y軸為音量（dB為decibel之簡寫，為計算音量的單位），表聲音損失的程度。X軸為頻率，表音調的高低，左邊是低頻，右邊是高頻。有些障礙者是低頻率損失嚴重（低頻聽障型），有些是高頻率損失嚴重（高頻聽障型），也有低、中、高三種頻率損失差不多（水平型）。為客觀起見，目前聽力檢查採取500赫、1000赫及2000赫三種頻率的平均值，以瞭解聽力損失的情形。計算公式為(a+b+c)/3，a=500Hz，b=1000Hz，c=2000Hz。例如某兒童在500Hz的聽力損失為30dB，在1000Hz的聽力損失為40dB，在2000Hz的聽力損失為50dB，所以此兒童的

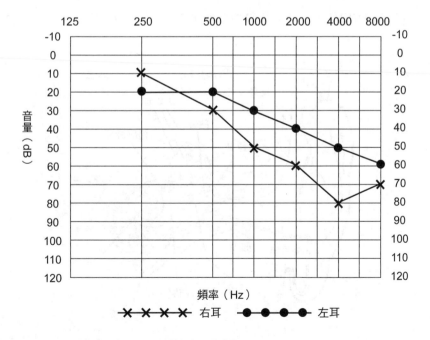

圖5-1　聽力檢查圖

聽力損失dB=(30+40+50)/3=40，屬中度聽力障礙，高頻率的聲音較聽不清楚。

三、原因及種類

聽覺器官負責接收與理解聲音。其構造包括外耳、中耳、內耳、聽神經及聽覺中樞（**圖5-2**）。外耳的主要功能為收集聲波，中耳的主要功能為擴大音壓，內耳的主要功能為將音波轉為神經脈衝，聽神經的主要功能為傳遞神經脈衝，聽覺中樞的主要功能為瞭解聲音的意義。聽覺器官的任何一個部位受到損傷，都將影響聽覺，造成程度不等的聽覺障礙（張蓓莉、王麗美，民89）。

從發生的原因來探討，聽覺障礙的種類可分為：(1)傳導性聽障；(2)

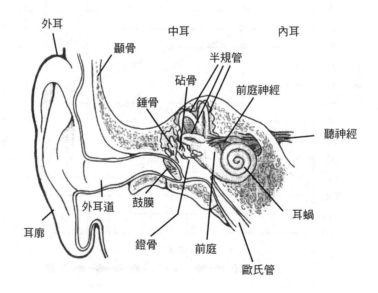

圖5-2　耳朵的基本構造

感音性聽障；(3)混合型聽障。說明如下：

(一)傳導性聽障

◆外耳道阻塞

由於耳垢或異物的積存，及先天性畸形，所導致的外耳變形或耳道狹窄，影響聲音的傳導（如小耳症）。此項障礙可藉由異物清除，或整型手術，恢復聽覺靈敏度（胡永崇，民89）。目前兒童出現較多的症狀是耳垢積存。

小耳症的兒童常因耳道欠缺，而阻擋了聲波的傳導，使中耳腔及聽小骨無法發揮它們的功能；而畸形較為嚴重的，則包括中耳腔及聽小骨亦發育不全，更加深傳導上的困難，因而導致聽覺障礙（羅慧夫顱顏基金會，民90）。

◆歐氏管阻塞

歐氏管（eustachian tube，或稱耳咽管）較容易出問題的是積水，歐氏管通到鼻子和嘴巴，感冒流鼻涕，可能會使歐氏管積水，引發中耳炎（otitis media）。由於發炎，導致歐氏管阻塞，引起中耳腔裡的氣壓與外界氣壓不平衡，使鼓膜及聽小骨的連鎖失去傳導能力（胡永崇，民89），如此造成聽力的損失。

◆中耳炎

中耳的發炎病變常發生在感冒之後，或耳朵進水（洗澡、游泳遇鼓膜破裂時），中耳在積水時細菌會對鼓膜及聽小骨造成損傷，因而導致聽覺障礙。

◆耳硬化症

耳硬化症（otosclerosis）是耳骨硬化，以至於音波無法有效傳導，造成聽覺障礙。

◆聽小骨鏈折斷

三個聽小骨鏈折斷，亦即錘骨、砧骨和鐙骨之間的「鏈」無法連接，造成音波無法傳導，成為聽覺障礙。

傳導性聽障大都能以醫藥或手術治癒或減輕，否則可使用助聽器，效果大都不錯。

(二)感音性聽障

◆遺傳、基因

據估計，約有30～50%的聽覺障礙兒童，其障礙原因為顯性與隱性遺傳，或先天性基因因素所致（Heward, 1996；引自胡永崇，民89）。

◆病毒感染

例如腦炎、腦膜炎、麻疹、腮腺炎、感冒的病毒侵犯聽神經，造成聽力損失。

◆藥物中毒

1.抗生素：感冒太久吃了太多的抗生素會影響聽力。

2.奎寧：是一種治療瘧疾的藥，孕婦吃了可能會使胎兒聽力受損。

3.鏈黴素：會引起胎兒的聽力缺損（朱繼璋，民90）。

◆產前和生產因素

1. 德國麻疹：孕婦若感染德國麻疹，可能會造成嬰兒聽力障礙。
2. 早產兒：早產兒的問題很多，本書所提各種障礙幾乎都可能產生，例如智能障礙、聽覺障礙、發展遲緩……。
3. 母子血液因子不合：即母親與胎兒的Rh因子，一為陽性，一為陰性。
4. 生產時胎兒缺氧：如此會破壞聽覺中樞，導致聽障。

◆美尼爾氏症

美尼爾氏症（Meniere's syndrome）又稱眩暈症，為一種自律神經失調所導致的疾病，通常起因於中樞神經活動過度緊張，常常會感到頭暈，嚴重時就像坐雲霄飛車，天旋地轉，令患者感到恐懼。

◆長期處於噪音環境

在此特別強調的是噪音環境，目前有許多職業可能會造成聽力障礙，例如飛行員、機場地勤人員，每天都在聽高頻率的飛機聲音，長久下來會造成聽力障礙的機率較大。住在機場附近的居民也是一樣，長期受到高頻率噪音的傷害。還有公車司機、紡織工廠的工人、軍隊的炮兵、修馬路的工人……長期處於充滿噪音的環境，往後都有可能造成聽力障礙。

◆長期處於水中

例如潛水夫，可能因為水壓的問題造成聽障。

◆頭部外傷

例如車禍、由高處摔下造成頭部外傷，傷到腦部聽覺中樞而形成聽力障礙。

◆心理因素

例如壓力過大，此種情況稱為「心因性耳聾」，不過這種情況較少。

兒童若聽覺神經系統有問題，應立刻就醫；若治療後仍有弱聽或內耳受損，應配戴助聽器，嚴重者可考慮裝置人工電子耳。

(三)混合型聽障

即兒童同時具有傳導性聽覺障礙及感音性聽覺障礙。

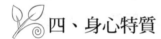四、身心特質

(一)語言的特徵

◆閱讀理解能力

聽覺障礙兒童由於缺乏說話的經驗與聽覺的回饋，其閱讀理解能力較一般學生差。也就是說沒有說話的能力，和聽不到聲音。

◆說話或語音能力

即使是先天聽覺障礙嬰兒，仍與一般聽力正常嬰兒一樣，具有喃語期（babbling stage），但很快地即會因缺乏聽覺回饋而失去喃語的現象（Stoel-Gammon & Otomo, 1986）。一般的嬰幼兒聽到自己的聲音會笑出來，這就是對自己正向的回饋。而聽力障礙的嬰幼兒雖然也有喃語，但自己聽不到，得不到回饋，在學習語言上也產生了障礙（胡永崇，民89）。

以前的人常說聾子就是啞巴或十聾九啞，現在已經改觀了。由於我們要先聽到聲音然後才能學講話，聽覺障礙兒童現在可藉由助聽器，聽到聲音學習講話。目前我國的啟聰學校也在進行口語教學。不過，無論是國內外的研究，均發現聽覺障礙學生的語言能力明顯低於耳聰同儕（張蓓莉、王麗美，民89）。

◆寫作能力

聽覺障礙學生由於受到手語特殊語法語序的影響，及缺乏適當的說話與語言知識，通常具有以下的寫作特徵（胡永崇，民89）：

1.比一般兒童的作文簡短。

2.「讀書」寫成「書讀」，將「趕快排隊」寫成「排隊趕快」。

3.抽象詞彙的困難，例如「犧牲」、「奮鬥」的詞彙皆不易適當應用。

4.論說文的寫作較敘述文困難。

5.難以適當使用助詞或虛字。

6.缺乏適當的語用知識（pragmatic knowledge），例如，可能將「王先生長得很英俊」寫成「王先生長得很美麗」。

造成上述的原因，是因為手語是先比書再比讀，先比排隊再比趕快，英俊和美麗的比法是一樣的。而犧牲、奮鬥無法比，通常都用寫的。

(二)學業學習的特徵

聽覺障礙兒童常因聽不清楚或聽不見老師或父母的教導，以致成績低落。

(三)人格情緒與社會適應

聽覺障礙兒童在人格量表的表現，常有固執性、自我中心、缺乏自我控制、衝動性、挫折容忍力較低，與易受他人暗示等人格特性（Kirk, Gallagher, & Anastasiow, 2000）。另外，由於溝通障礙，不但無法與一般人建立適當的關係，且易與人產生誤解（胡永崇，民89）；不過，歸納相關的研究可以發現，溝通能力及周圍聽人（尤其是父母、教師及其他家人），對聽障兒童的接納態度是影響聽障兒童人格發展之重要因素（張蓓莉、王麗美，民89）。

聾文化（the deaf culture）指聾人群聚結合所形成的特殊文化現象，聾文化的形成，可能與以下因素有關（胡永崇，民89）：

1.聾人與一般人之間溝通困難，但聾人彼此之間，則可輕易溝通。
2.聾人彼此的相處，較有安全感。
3.為爭取自己的權益，促使聾人相互結合。
4.聾人以聾人為結婚對象的比率甚高。

聾人聽不到聲音，而一般人不懂手語，形成溝通障礙，久而久之就互相不喜歡交談了。也因為聽不到聲音，不知旁人在說什麼，所以沒有安全感。

(四)認知功能的特徵

一些和聽覺有關的認知較差，例如電話聲、鳥叫聲、汽車聲，由於他們無法聽到或聽不清楚，學習成果較差。例如一般幼兒醒來，聽到母親從別的房間傳來的說話聲，就會以哭聲要求母親來抱他，而聽力障礙兒童則沒有辦法。他們必須用眼睛看到了母親，才知道母親就在附近。

(五)心智能力

以前有關聽覺障礙兒童心智能力之研究結論，多半認定聽障兒童智力不如耳聽者，但1970年以後的研究報告指出，選用聽覺障礙兒童適用之測驗工具（操作性或非語文認知測驗），確定施測者與聽覺障礙兒童溝通無障礙後，所得之研究結果是，聽障兒童之心智能力與耳聽兒童並無明顯差異（張蓓莉、王麗美，民89）。

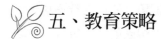 ## 五、教育策略

(一)提供早期教育經驗

期能做到早期發現，早期療育。例如有些醫院對嬰幼兒做聽力篩檢，發現有聽力障礙嬰幼兒時，就可提早治療或實施必要的措施，將有利於早期教育經驗。

(二)聽力障礙兒童父母的指導，也就是親職教育

1. 態度與方法：在態度上不要「可憐」這些孩子，1981國際殘障年有一個口號是「別可憐我，請教育我」，我們應該重視聽力障礙兒童的學習，不是可憐他們。而教育的方法也很重要，父母應當學習如何教導孩子。
2. 親子溝通：父母若未學手語，親子溝通會有困難，所以父母必須和小孩一起學手語，這樣小孩回到家中才有辦法繼續和父母溝通。
3. 心理及行為問題的輔導：聽障的小孩易有心理上及行為上的問題，

父母親應該學習如何輔導這些小朋友。

4.支持與協助教育：支持指情緒上的支持。當一個父母知道自己的小孩有障礙時，會感到非常的無奈、挫折，此時就需要周圍的人給予精神上和情緒上的支持及協助教育這個兒童。

(三)助聽器檢查與保養的指導

助聽器是很精密的儀器，若使用不當，一方面可能會使聽力障礙的情況更嚴重，一方面也可能聽力障礙兒童不願再配戴。所以要教導孩子如何適當使用助聽器，例如大小聲調節、不可放在潮濕處如浴室等等。

(四)普通班教師在教學上的配合

我們現在強調的是融合教育，聽力障礙的兒童可能在普通班上課，所以需要普通班老師的配合，例如：

1.老師多在黑板上寫字，因為他們的視力沒有問題，若聽不清楚老師的聲音，可以藉由看板書增進對上課內容的瞭解。

2.座位的安排：若班上有聽力障礙的學童，儘量安排他們坐在最前面。優點是：

(1)較能聽到老師的聲音。

(2)可以讀唇。

(3)可以看到老師的表情和肢體語言。

3.降低噪音。

4.多發講義。

5.老師上課時，可以多一點手勢和面部表情，如此能使聽障學生更瞭解老師上課的內容。

六、特殊訓練課程

(一)感覺訓練

指聽覺以外的感覺訓練，即視覺、味覺、嗅覺、觸覺等感覺。我們在學習事物時，基本上要利用這五官，但聽覺障礙兒童在使用聽力學習上可能有困難，因此其他的學習管道，如視覺、味覺、嗅覺、觸覺就顯得相當的重要。所以我們要儘量訓練聽覺障礙兒童的其他感官。以視覺為例，聽力障礙兒童可藉由讀脣來瞭解老師所說的話。

(二)讀話（讀唇）

是用眼睛看對方的嘴形變化來讀話，唯此種方法對同音字的辨識較感困難，因此老師上課時說話要儘量放慢點，千萬不要背對學生講話，最好加上表情和肢體動作，以幫助聽力障礙兒童理解。

(三)說話

前已述及聾子就是啞巴的觀念是錯的。聽力障礙兒童的發音器官並沒有問題，所以沒有理由說他們不會說話。只要給予訓練，聽覺障礙兒童仍有許多會講話的。

(四)聽能訓練

是對重聽兒童施予聽能訓練，重聽兒童還有殘存聽力（residual hearing），若加以訓練的話可以聽得更好。例如聽到鳥叫聲時，他可能聽

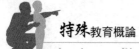
得不是很清楚，若告訴他這是鳥叫聲，以後他再聽到時就知道這是什麼聲音了。透過聽能訓練，他們可以聽懂更多聲音。

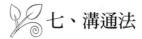

七、溝通法

聽障兒童之溝通方式大致可分為三大類，以下簡略說明之（張蓓莉、王麗美，民89）：

(一)口語

此為1880年以後廣被推薦的聽障者溝通方式。這種方法主要是教聽障者利用殘存聽力及讀話能力瞭解外來的訊息，再利用視覺、觸覺及殘存聽力學習說話表達自己的想法。這種溝通方法除了是肯定聽障者可以學會說話外，更著眼於耳聰世界是語音的社會，為求更能適應，並且期盼培養更好的語言能力，所以鼓勵聽障者學習口語。一百多年來的經驗指出，學習口語溝通法的必要條件是：早期發現，配戴合適之助聽器，或裝置人工電子耳，接受密集且有系統的聽能、讀話及說話訓練，良好的口語環境，聽障者智力正常，無其他顯著障礙者。

(二)手語

是將語音化為手勢，再加上面部表情，或肢體動作的一種語言，語言學家已經承認手語是一種語言，因為它有特定的形式（手形、句子的結構）及語意。世界各國的手語不盡相同，往往一國之內還有不同的手

語。對聽覺障礙者而言，學手語不難，很快的就可以用之與瞭解手語者溝通，就如耳聰者學會聽、說一樣。

(三)綜合溝通

手語、口語都各有利弊，單獨使用似乎都不能完全滿足聽障者溝通的需要。1968年一位聾教師也是兩個聽障孩子的父親Roy Holcomb開始倡導合併使用口語及手語。他認為失聰者有權利用各種管道作為溝通工具。教師在與聽障學生溝通時沒有必要限制學生只能由聽、讀話或手語接收訊息，而是應該充分利用聲音、唇形及手語將訊息傳給聽障學生，因為在溝通的過程中，聽覺、視覺是相輔相成的。百多年來，啟聰教育界的口、手語之爭沒有具體結果，因此當綜合溝通被提出之後，相當受到肯定，目前已是世界各國啟聰教育界的主要溝通模式。嚴格的說，綜合溝通只是一種原則，要求與聽障學生溝通時，利用有系統之手語（非肢體語言而已）及口語，甚或筆談。反之，聽障學生若能同時學會口語、手語及筆談方式，亦即建立多元溝通的能力，則更能將障礙減到最低，甚至完全沒有障礙。

 參考書目

朱繼璋（民90）。〈孕婦用藥安全〉。《嬰兒與母親月刊》，期298，民國90年8月，頁208-211。

胡永崇（民89）。〈聽覺障礙者之教育〉。載於王文科主編，《特殊教育導論》，頁95-146。台北市：心理出版社。

教育部（民101）。《身心障礙及資賦優異學生鑑定辦法》。

張蓓莉、王麗美（民89）。《聽覺障礙學生輔導手冊》。教育部特殊教育小組主編。國立台南師範學院印製。

羅慧夫顱顏基金會（民90）。〈小耳症的寶寶〉。《嬰兒與母親月刊》，期292，民國90年2月，頁219-221。

Heward, W. L. (1996). *Exceptional Children: An Introduction to Special Education* (5th ed.). Columbus: Merrill Publishing Company.

Kirk, S. A., Gallagher, J. J. & Anastasiow, N. J. (2000). *Educating Exceptional Children*. Boston: Houghton Mifflin Company.

Stoel-Gammon, C. & Otomo, K. (1986). Babbling development of hearing-impaired and normally hearing subjects. *Journal of Speech and Hearing Disorders, 51*, 33-41.

Chapter *6*

語言障礙兒童

一、語言相關系統

聲音的傳導經過外耳、中耳、內耳，由聽神經傳達到大腦，屬於聽感覺，是為語言相關系統的「輸入系統」。大腦左半球語言中樞接收到訊息後，產生聽知覺，理解所聽到的聲音是什麼意思。因此，兒童大腦左側顳葉區如受損時，會傷害說話與語文的能力（葉重新，民90），此一部分屬於語言相關系統的「整合系統」。咽喉、嘴唇、牙齒、舌頭等是我們講話所必備的器官，即構音器官，屬於語言相關系統的輸出系統。構音器官不同的統合變化會產生不同的聲音，有些人咽喉、嘴唇、牙齒出現問題，所以無法講話或講話讓人聽不清楚，語言相關的系統如**表6-1**。

二、定義

《特殊教育法》第三條第四款所稱語言障礙，指語言理解或語言表達能力與同年齡者相較，有顯著偏差或低落現象，而造成溝通困難者（教育部，民101）。

由以上定義可知，語言障礙的兒童有語言理解的問題，也就是說，他人所講的話他不見得聽得懂，這種現象通常是語言中樞出了問題。還有語言表達有問題，也就是說他想講的話不一定可以完全的表達清楚，或講出來了別人不一定聽得懂。客觀的評量標準是和同年齡兒童比較，有顯著

表6-1　語言的相關系統

輸入系統	整合系統	輸出系統
中耳、內耳、聽神經	大腦左半球、語言中樞	構音器官（咽、喉、唇、舌……）
聽感覺（聽到聲音）	知覺（理解）	製造聲音（語音）

的偏差或遲緩的情形。由觀察結果得知，下列兒童較易被鑑定為語言障礙：

1.講話時容易引起別人的注意。
2.妨礙溝通：溝通是雙向的，一方面是他講的話別人聽不懂；二方面是別人講的話他無法理解。

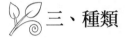

三、種類

語言障礙的狀況及鑑定標準如下：

(一)構音異常（articulation disorder）

所謂構音是指自胸腔呼出之氣流，經過聲帶的振動，再經唇、舌、顎、咽等構音器官的摩擦或阻斷等之動作，以發出聲音的過程（Thomas & Carmack, 1990）。

◆構音異常的分類

構音異常是指說話之語音有省略（omissions）、替代（substitutions）、添加（additions）、歪曲（distortions）、聲調錯誤或含糊不清等現象，並因而導致溝通困難者。說明如下：

1.省略音：聲母、韻母或結合韻被省掉，造成不正確的語言。
 (1)聲母省略：例如ㄨㄥˇ ㄩㄝˋ ㄧㄤ ㄨ ㄨㄟˋ指的是「孔雀香酥脆」；ㄟ ㄧ ㄟ ㄤˋ ㄧㄢ指的是「飛機飛上天」，所有的聲母全被省略了。
 (2)韻母省略：例如ㄅㄨˊ ㄗㄨ講成ㄅㄨˊ ㄗ。

(3)結合韻省略：例如ㄅㄧㄠˋ　ㄒㄧㄚˋ講成ㄅㄠˋ　ㄒㄧㄚˋ。

2.替代音：一個字的聲母或韻母被另一個聲母或韻母所取代，造成不正確的語音。

(1)聲母替代：例如困難（ㄋㄢˊ）的音。

(2)韻母替代：例如沒（ㄇㄟˊ）有唸成（ㄇㄡˊ）有。

3.歪曲音：係指無法說出正確的讀音。雖發出的音近似正確，卻仍屬錯誤。例如在國語語音中，「ㄓ、ㄔ、ㄕ」與「ㄗ、ㄘ、ㄙ」對許多人而言，常有難以清楚區辨的現象（李乙明，民89）。

4.添加音：在正確的語音上添加其他的音，例如吃（ㄔ）唸成ㄔㄨ；師（ㄕ）唸成ㄕㄨ。

5.聲調錯誤：指國語的四聲運用錯誤，例如：桃園說成討厭；南崁說成難看。

6.含糊不清：如唇顎裂、聽覺障礙、腦性麻痺等兒童的咬字不清晰，但無確定的錯誤構音（林寶貴，民92）。

（註：簡易構音測驗如本章最後附件）

◆**構音異常的原因**

1.構音器官協調不佳：如嘴唇、牙齒、舌頭在說話時，統合有困難，造成發音不正確。例如：唇顎裂的兒童常會有構音的問題。

2.構音器官發育尚未完全成熟：以國語三十七個注音符號而言，在發音上有難易之分，簡單的三歲以前就可以正確的發音，較難的三歲以後才逐漸可以清楚的發音。根據王南梅等（民73）的研究，我國三到六歲幼兒國語語音發展的結構，發現有75%的幼兒在三歲就能發ㄅ、ㄆ、ㄇ、ㄊ、ㄋ、ㄌ、ㄍ、ㄎ、ㄏ、ㄑ、ㄗ、ㄒ、ㄘ、ㄙ、ㄈ等音，四歲則可發出ㄐ音；而ㄓ、ㄔ、ㄕ、ㄖ等音是在六歲以後才學會。又根據張正芬、鍾玉梅（民75）也有類似的發現，即

有75%的幼兒在三歲就能發出ㄅ、ㄆ、ㄇ、ㄉ、ㄊ、ㄋ、ㄌ、ㄍ、ㄎ、ㄏ、ㄒ、ㄓ、ㄔ、ㄗ、ㄘ、ㄙ等音，四歲則發出ㄈ、ㄕ等音；ㄖ音是在六歲以後才學會。由以上的研究可以發現，兒童若有構音上的問題，有可能是發音器官發育尚未成熟之故。

◆**構音異常的輔導**

1.聽辨力的訓練：例如將東西放在黑色袋子中撞擊出聲，讓兒童猜出是什麼東西，但要依兒童的年紀、智能來決定困難度。

2.構音器官的練習：例如在嘴唇塗抹果醬做舌頭運動、用舌頭去頂兩頰、吹氣遊戲等。

3.正確注音的習得：從小就要給兒童正確的注音發音練習及避免不必要的口頭禪。例如：不要故意說ㄘㄨ　ㄏㄨㄢˋ（吃飯）。

4.學習遷移（類化）：即舉一反三，例如常和兒童玩文字接龍的遊戲，可以增加兒童練習同音字的機會。

5.維持或習慣化：要經常練習，以免因時間過久而遺忘。

(二)嗓音異常

嗓音異常（voice disorders）是指說話之音質、音調、音量或共鳴與個人之性別或年齡不相稱，並因而導致溝通困難者，說明如下：

1.音質異常（disorders of voice quality）：指聲音沙啞，或有顫抖音，或話講到一半失聲。

2.音調異常（disorders of pitch）：音調是指聲音的頻率，習慣性的音調過高或過低、音調範圍太狹窄等。

3.音量異常（disorders of intensity）：在一定距離內，聲音過大或過小。

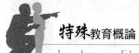
4.共鳴異常：鼻音過重（hypernasality）或鼻音不足。

(三)語暢異常

語暢異常（fluency disorders）是指說話之節律有明顯且不自主之重複、延長、中斷，首語難發或急促不清等現象者，說明如下：

1.不自主的重複：指講話結結巴巴的，如口吃（stuttering）。
2.延長：指講話時，句中有一兩字拉得特別長，例如，我們—去—上學。
3.中斷：是講話時句子不該中斷而中斷，例如，我們去上—學。
4.首語難發：講話時句子的第一個字很難發出來，如鯁在喉，只要第一個字發出來後，接下來就會較順暢。
5.急促不清：在呼吸很急促的情況下，說話會造成急促不清的現象。

(四)語言發展異常

語言發展遲緩（language development disorders）是指兒童之語形、語意、語法或語用異常，致語言理解或語言表達較同年齡者有明顯偏差或低落，分為兩類：

◆起步較晚

一般而言，幼兒的語言發展期分為：零至一歲是發音時期，一歲至一歲半是單字句期，一歲半至二歲是雙字進入多字句期，二歲至二歲半是文法期，二歲半以後是複句期（黃志成、王淑芬、陳玉玟，民97）。有些兒童例如智能障礙或文化刺激太少，語言發展通常會起步較晚，也就是到了一歲半或二歲，尚未進入單字句期，到了二、三歲才開始發單音。這是

因為智能障礙的關係，還有一種情況是語言刺激太少，父母很少和幼兒講話，缺乏語言刺激，因為我們是先接收（聽）語言才會講。

◆進程較慢

語言發展的進程已如前述約每半年進一程。幼兒可能因為智能障礙或刺激太少的關係，而出現例如一歲到二歲在單字句期，二歲到三歲雙字句期，四歲進入文法期，五歲才進入複句期等進程較慢的情形。

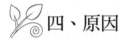

四、原因

語言障礙的原因可分為下列幾點說明（林寶貴，民81）：

(一)構音異常的原因

1. 器質性構音異常：由於口、唇、舌、軟顎、硬顎、牙齒咬合等構音器官的構造、生理功能或神經系統方面的因素，無法正確地聽取或發出所有或部分的標準語。
2. 非器質性構音異常：如動作協調、語音聽辨力、聽覺記憶廣度、觸覺與運動覺、智力、閱讀能力與語言能力、父母教育程度、城鄉的環境文化刺激差距、缺乏語言刺激環境等因素所造成的錯誤構音現象。

(二)聲音異常的原因

1.器質性聲音異常：常見的咽喉部疾病導致聲音異常，例如喉頭發炎、聲帶結節、聲帶瘜肉等。

2.非器質性聲音異常：心理因素、性格、精神受刺激、不正確的發聲習慣，尤其是學童不當的濫用聲帶。

(三)語暢異常的原因

1.器質性語暢異常：包括腦傷、輕微腦功能異常、大腦優勢分化不明顯、遺傳傾向等因素。

2.非器質性語暢異常：如不當的模仿、環境因素、情緒上的壓力、焦慮、緊張等因素。

(四)語言發展異常的原因

1.器質性語言發展異常：智能不足、聽覺障礙、中樞神經系統損傷（包括腦性麻痺、自閉症、輕微腦功能異常等）。

2.非器質性語言發展異常：父母過度保護或忽略、語言學習環境不利、長期病弱、嬰兒期母子語言關係不足、聽取能力不充分、身心成熟速度緩慢、情緒障礙、聽覺記憶、聽覺分辨、聽覺聯想障礙、雙語或多語環境、缺乏學習機會與動機等因素。

五、身心特質

有關語言障礙兒童的身心特質說明如下：

(一)情緒

語言障礙的兒童可能因為發音不準確等原因，而受人譏笑，或有人學他們錯誤的發音，使他們有受辱的感覺，所以常有情緒不穩，如易生氣、忿怒、沮喪、焦慮的情形。

(二)社會

總體而言是社會適應困難，包括：

1. 誤會：因為講話有問題，所以他人容易聽錯而造成誤會，進而影響社會適應。
2. 敵意：因為常受人嘲笑，而對人懷有敵意。
3. 人際關係差：例如可能因說話結結巴巴，他人不易瞭解，而不願和他人交往。

(三)人格

語言障礙兒童的人格特質，最少有下列兩種情形：

1. 自卑：會覺得自己沒有用，一無是處，連話都不會講或說話不清楚，而造成自卑感。
2. 自貶：把自己貶得一文不值，自暴自棄。

(四)生理特徵

例如有時會有和口吃有關的氣喘病、兔唇、缺牙齒、舌頭太厚以及咽喉的問題。

(五)智能

一般而言，語言障礙兒童的智能比一般兒童低，論其原因可能有二，一為缺乏文化公平測驗，以至於他們在做智力測驗時，因聽或表達等不利因素造成智力較低。二為自小以來，因為語障的原因，影響對外在事物的學習，以致對智能的發展產生不利的影響。

(六)教育成就

語言障礙兒童的學校成績稍遜於正常兒童（林寶貴，民92），論其原因可能因聽或表達的缺陷影響學習成績。

六、診斷程序

診斷語言障礙兒童的程序可分下列幾點說明：

(一)個案的病例

1.發展史：例如出生時是順產或是難產，是自然產或是剖腹產，尤其要知道是不是早產，因為早產兒常有一些疾病，包括語言中樞或聽

覺、構音器官的問題。

2.家族狀況：瞭解家族中與兒童有血緣關係的親人是否有語言障礙的
病例，如果有的話，遺傳因素就大大的增加。再者，有可能文化刺
激不足所導致。

(二)智力評量

目的在瞭解兒童的語言障礙是否是因智能障礙所引起，因為智能障
礙兒童有語言障礙是很平常的。

(三)聽力評量

兒童若有聽力障礙的話，由於接收訊息有問題，造成兒童無法有效
學習，就可能會有語言障礙。

(四)障礙評量

知悉兒童有哪一類或哪幾類的障礙。例如瞭解是聽力異常還是構音
異常，亦或是兩者都有，以作為治療的依據。

(五)輔導或矯治計畫

根據障礙種類做輔導，比較簡單的矯正由父母親或老師就可輔導。
若困難度高的則由醫院復健科的語言治療師來負責治療。

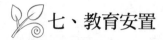七、教育安置

林寶貴和錡寶香（民89）認為，語言障礙兒童的安置原則如下：

1.輕中度障礙者：於一般學校之普通班或資源班就學。

2.重度障礙者：於一般學校之資源班或特殊教育班就學。

3.極重度及多重障礙者：以其主要類別為安置原則。

目前我國對語言障礙兒童的安置，通常有下列兩種：

1.普通班：目前語言障礙的兒童大部分都在普通班就讀。但普通班
  教師通常缺乏輔導語言障礙兒童的知能。Musengi、Ndofirepi與
  Shumba（2013）研究發現，教師缺乏手語使用的技能，會影響學
  生學習的進展。因此，有必要加強普通班教師的語言輔導技能。

2.資源班：語言障礙兒童平時在普通班上課，每週利用幾節課的時間
  抽離到資源班去接受語言治療或課業輔導。

參考書目

王南梅、黃佩妮、黃恂、陳靜文（民73）。〈三歲至六歲學齡前兒童國語語音發展結構〉。《聽語會刊》，期1，頁10-12。

李乙明（民89）。〈溝通障礙〉。載於王文科主編，《特殊教育導論》。台北市：心理出版社。

林寶貴（民81）。《語言障礙兒童輔導手冊》。教育部第二次全國特殊兒童普查工作執行小組發行。

林寶貴（民92）。《語言障礙與矯治》。台北市：五南出版公司。

林寶貴、錡寶香（民89）。《語言障礙學生輔導手冊》。教育部特殊教育小組主編。

張正芬、鍾玉梅（民75）。〈學前兒童語言發展量表之修訂及其相關因素研究〉。《特殊教育研究學刊》，期2，頁37-52。

教育部（民101）。《身心障礙及資賦優異學生鑑定辦法》。

葉重新（民90）。《心理學》。台北市：心理出版社。

黃志成、王淑芬、陳玉玟（民97）。《幼兒發展》。台北市：揚智文化。

Musengi, M., Ndofirepi, A., & Shumba, A. (2013). Rethinking education of deaf children in Zimbabwe: Challenges and opportunities for teacher education. *Journal of Deaf Studies and Deaf Education, 18*(1), 62-74.

Thomas, P. J. & Carmack, F. F. (1990). *Speech and Language*. Needham Height, MA: Allyn & Bacon.

 附件　簡易構音測驗

> 使用說明：主試者依照各題所列之文字（或數字、句子）唸一遍，例如：「爸爸」，讓受試者也唸一遍，若有唸不清楚或主試者聽不清楚的情況下，主試者可再重複唸一遍，讓受試者模仿唸一遍，若受試者會正確的唸出時，表示發音沒問題，但若受試者唸錯、唸不清楚或不會唸時，即可將之記錄在「橫線」上，測驗完後即可知道受試者有哪些音發音有問題，可作為治療的依據。

構音測驗

姓名_____　年齡____歲____月　性別____　測驗日期_____

一、聲母

ㄅ	爸爸	報紙	奔跑 _____	ㄐ	家人	急忙	結果 _____
ㄆ	婆婆	炮竹	朋友 _____	ㄑ	輕重	泉水	圈套 _____
ㄇ	媽媽	梅花	貓咪 _____	ㄒ	下雨	鞋子	學生 _____
ㄈ	父親	房屋	帆船 _____	ㄓ	知道	找尋	鐘錶 _____
ㄉ	弟弟	袋子	導師 _____	ㄔ	吃飯	出去	城堡 _____
ㄊ	颱風	毯子	湯麵 _____	ㄕ	時間	數學	少數 _____
ㄋ	奶奶	腦袋	男生 _____	ㄖ	日出	肉鬆	讓步 _____
ㄌ	垃圾	蘭花	喇叭 _____	ㄗ	資料	走路	讚美 _____
ㄍ	哥哥	稿紙	瓜果 _____	ㄘ	草地	粗細	催眠 _____
ㄎ	科目	哭泣	魁梧 _____	ㄙ	飼料	速食	酸甜 _____
ㄏ	忽然	哈欠	喉嚨 _____				

二、韻母

ㄚ	牙齒	娃娃	法國 _____	ㄢ	安全	玩具	饅頭 _____
ㄛ	破壞	茉莉	玻璃 _____	ㄣ	恩人	噴水	珍珠 _____
ㄜ	鵝毛	喝水	射箭 _____	ㄤ	骯髒	螃蟹	長寬 _____
ㄝ	爺爺	葉子	階梯 _____	ㄥ	風雨	城牆	勝利 _____
ㄞ	哀傷	白色	買賣 _____	ㄦ	兒女	耳朵	貳心 _____
ㄟ	妹妹	被子	飛機 _____	ㄧ	衣服	披風	米飯 _____
ㄠ	凹凸	帽子	道德 _____	ㄨ	烏黑	部首	母親 _____
ㄡ	臭味	後面	歐洲 _____	ㄩ	雨天	漁夫	寓言 _____

三、結合韻

ㄧㄚ	鴨子	家庭	夏天 _____	ㄨㄛ	窩心	握手	我們 _____
ㄧㄛ	唷啊	唷呀	_____	ㄨㄞ	歪斜	外面	乖巧 _____
ㄧㄝ	葉子	也是	椰果 _____	ㄨㄟ	位置	微小	偉人 _____
ㄧㄞ	山崖		_____	ㄨㄢ	彎曲	萬歲	碗盤 _____
ㄧㄠ	邀請	藥物	搖晃 _____	ㄨㄣ	問題	穩定	文章 _____
ㄧㄡ	優秀	幼小	游泳 _____	ㄨㄥ	嗡嗡	鐘錶	聰明 _____
ㄧㄢ	淹水	燕子	研究 _____	ㄩㄝ	月亮	決定	確實 _____
ㄧㄣ	因為	飲水	印章 _____	ㄩㄢ	冤枉	願望	圓圈 _____
ㄧㄤ	樣子	央求	氧氣 _____	ㄩㄣ	暈車	雲朵	運用 _____
ㄧㄥ	英明	應用	歡迎 _____	ㄩㄥ	擁戴	用處	平庸 _____

四、數目

1 _____	2 _____	3 _____	4 _____	5 _____
6 _____	7 _____	8 _____	9 _____	10 _____

11 _____ 12 _____ 13 _____ 14 _____ 15 _____

16 _____ 17 _____ 18 _____ 19 _____ 20 _____

五、句子

1.爸爸愛喝可口可樂。

_____

2.妹妹背著洋娃娃。

_____

3.三隻小豬的故事。

_____

4.我喜歡溜滑梯和盪鞦韆。

_____

5.哥哥愛吃糖果。

_____

六、診斷

_____

_____

_____

_____

Chapter 7

肢體障礙兒童

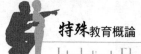
一、定義

《特殊教育法》第三條第五款所稱肢體障礙（the orthopedically impaired），是指上肢、下肢或軀幹之機能有部分或全部障礙，致影響參與學習活動者；依《身心障礙及資賦優異學生鑑定辦法》（教育部，民101）所定肢體障礙，應由專科醫師診斷；其鑑定基準依下列各款規定之一：

1.先天性肢體功能障礙。
2.疾病或意外導致永久性肢體功能障礙。

二、可能形成原因

我國古代的「五刑」——墨、劓、剕、宮、大辟，其中的「剕」刑是把犯人的雙腳砍斷，無疑地成了肢體殘障者。此外，起源於商朝，強行於五代，強制於清朝的「纏足」風俗，幾乎把中國女性都變成了肢體殘障者，幸好清末外國傳教士來到中國，推行「天足運動」，中國維新之士——康有為、梁啟超、秋瑾也大聲呼籲改革，逐漸讓中國女性揚棄了「裹腳布」，避免日後的女性再繼續的讓雙腳不良於行。然而，在現今的時空之下，哪些情況又會造成肢體障礙者呢？

肢體障礙兒童可能形成的原因可分下列三點說明：

(一)先天畸形或殘缺

◆遺傳

精細胞或卵細胞的染色體帶有畸形之基因，可能會生出畸形的下一

代。

◆母胎內環境

母親在懷孕期罹患德國麻疹、梅毒，或放射線照射劑量過多或次數過多。

◆胎兒發育缺損

例如肢體手腳短缺，以1957年西德所製的鎮靜劑——沙利竇邁度（Thalidomide）為例，孕婦為了要防止噁心、嘔吐而易入睡，服用後就可能產生了雙臂較短的海豹肢症（phocomelia），據統計，該藥從出廠到1961年被禁，首當其衝的西德，在四年之間據非正式統計約出現六千人，英國約八百人，日本約三百五十人，我國約三十八名病例（李聖隆，民70）。所以懷孕期用藥要特別小心。而目前事後避孕丸的藥性很強，目的在殺死受精卵，所以對受精卵傷害極大，若未被殺死，可能造成胎兒的殘缺。

◆臍帶繞頸

會造成胎兒窒息或難產，腦部缺氧導致腦性麻痺（cerebral palsy）（林鴻基，民90）。

(二)後天原因病變

◆中樞神經病變

一般指的是腦性麻痺。若腦部出現病變即可能造成腦性麻痺。而腦性麻痺的兒童通常有三種障礙：

1. 肢體障礙：常見的肢體障礙部位有六種，即單肢麻痹、半身麻痹、下肢麻痹、四肢麻痹、三肢麻痹、下肢重度麻痹（許天威，民89）。

2. 語言障礙：部分腦性麻痹患者附帶有語言障礙。

3. 智能障礙：部分腦性麻痹患者附帶有智能障礙。

◆周邊神經病變

1. 小兒麻痹：周邊神經病變最具代表性的是小兒麻痹，學名為脊髓灰質炎（poliomyelitis），是一種會傳染的骨髓炎，病毒經由患者之糞便或口咽分泌物，如唾液或噴嚏等而傳染。通常使手腳萎縮、肌肉無力。小兒麻痹目前在台灣及世界大部分國家均已絕跡。小兒麻痹症是病毒性疾病，沒有藥物可以治療，只能作預防的措施。使用的預防疫苗以口服沙賓疫苗居多。因為沙賓疫苗是活菌減毒疫苗，約每使用二百萬劑會出現一個小兒麻痹患者。故目前美國建議注射沙克疫苗，因其含「不活化（死的）」小兒麻痹病毒，所以絕不可能導致小兒麻痹症。

台灣！根除小兒麻痹

世界衛生組織於民國89年10月29日在日本京都召開的大會中，宣布西太平洋地區全面根除小兒麻痹。但由於我非世界衛生組織會員，讓台灣多年來的防治成果，在世界公共衛生舞台上「有實無名」。台灣的小兒麻痹防疫史可回溯自民國44年衛生署正式將小兒麻痹列入傳染症報告開始。民國53年起接種沙克疫苗，民國55年改為全部口服沙賓疫苗後，病例逐年減少。民國71年原本在台灣幾乎已經絕跡的小兒麻痹症，突然爆發全國大流行，統計這一波小兒麻痹通報病例達一千

零四十二例,當中九十八人死亡,經分析發現,高達六成六以上的個案,沒有接種疫苗,另有極高比例的個案,則因接種不完全仍遭感染,為避免悲劇重演,衛生署立即修正小兒麻痺疫苗預防接種計畫,要求所有幼兒必須完成五劑完整接種流程,以確保免疫,小兒麻痺症病例自此銳減。自民國73年起,台灣已經沒有野生株病毒引起之「小兒麻痺症」,自民國81年至今,台灣均無確定病例報告,已達根除標準。然而,即使列為小兒麻痺症根除國家,現行口服沙賓疫苗政策仍不變,國人不可貿然停止服用小兒麻痺疫苗,因為世界還有許多國家,未列入小兒麻痺症根除國,旅遊、經商仍有機會感染,使用疫苗,還是最方便的保護染病之方法。

資料來源:《甦聲雜誌》,民90。

　　2.坐骨神經麻痺:打針是造成的主因,例如打臀部傷到中樞神經。

◆肌肉病變

　　例如因肌肉萎縮退化而無法提重物,上下樓梯無力,由坐姿或臥姿要起身時感到困難,步行不穩健,終至肌肉無力而必須拄拐杖或坐輪椅。

◆骨骼關節性病變

　　例如關節炎、骨骼腫瘤造成肢體障礙。

(三)外傷

　　1.中樞神經:例如車禍外傷、兒童從樓梯摔下大腦受傷,都可能造成

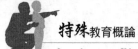
中樞神經受傷。

2.周邊神經：例如外傷性神經斷裂、刀傷等。

3.肌肉病變：例如手部肌腱遭割傷造成肌腱斷裂。

4.骨骼關節性病變：例如骨折。

5.截肢：上肢或下肢因故（如車禍）而被截掉。

三、身心特質

肢體障礙的兒童，由於肢體活動會有一些限制，故也發展出一些獨特的身心特質，說明如下：

(一)孤立狀態

1.行動空間的孤立：因為行動不自由，加上無障礙的交通環境做得不夠完善，到許多地方都不方便，造成行動空間的孤立。

2.心理空間的孤立：即自我封閉。通常會有自卑感，不願主動與他人交往，覺得別人會歧視他。

3.別人對他的孤立：當同儕一起遊玩時，動作較慢或不便者，可能遭到排斥。

(二)自我貶值

是因自卑所引起的自貶。基本上一般肢體障礙兒童或多或少都有自卑感。若未得到適當的輔導，自卑的情況會加重，而致產生自貶的情況。

(三)對前途的憂慮

1.對身體的憂慮：肢體障礙兒童可能因本身機能的損傷、行動不便而缺乏運動，影響身體健康。或自身的缺陷疼痛而對自己的健康感到憂慮。

2.對前途憂慮：可能因在學校中的學習比一般兒童不順利、功課較差，而對未來憂慮。

(四)敏感

例如有人看他一眼，就懷疑別人在嘲笑他的肢障。

(五)社會適應

可能因為自卑自憐或他人的態度而影響其社會適應。

(六)智力

原則上肢體障礙兒童的智力正常，唯部分腦性麻痺兒童附帶有智能、認知功能障礙。

(七)溝通能力

原則上肢體障礙兒童沒有溝通能力的問題，唯部分腦性麻痺兒童附帶有語言障礙。

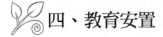

四、教育安置

目前我國對肢體障礙兒童的安置方式大約可分下列幾種情形：

(一)特殊學校

全國特殊學校只有民國56年奉准籌設，57年開始招生的「台灣省立彰化仁愛實驗學校」一所，該校於89年更名為「國立彰化仁愛實驗學校」，94年又改名為「國立和美實驗學校」。設有學前班、國小部、國中部、高中部及高職部，主要招收肢體障礙學生。這所學校原本主要收小兒麻痺的學童，近年來由於小兒麻痺已絕跡，故轉型收腦性麻痺學童。學校中的老師對肢體障礙生的身心特質、教學方法大都有專業素養，而硬體設備方面也相當好，例如備有各類復健器材。最值得一提的是全校皆為無障礙空間設計。

(二)特殊班

即啟仁班。理念上介於特殊學校和普通班之間，優缺點也介於兩者之間。設立的目的主要在彌補特殊學校無法廣為設置的缺點，同時也算是部分回歸主流。

(三)資源班

兒童平時在普通班上課，每週固定時間到資源班做學業輔導、心理或行為輔導等，也會有老師幫忙做復健。

(四)醫院附設的特殊班

例如過去台北振興醫院，無論成人或兒童的復健都做得非常好。因為復健工作所需的時間相當長，常常長達數月之久，會影響兒童的學業，因此在醫院中附設特殊班，可讓肢體障礙兒童一邊復健，一邊讀書，不致荒廢課業。

(五)在家教育

重度或極重度肢體障礙兒童，可能因為行動不便或學校中無法提供相關設施，而無法到校上課。所以申請在家教育，由學校派老師到家裡上課。

(六)普通班

或稱混合教育、融合教育，即輕度肢體障礙兒童與肢體健全的兒童一起上課，學校行政單位依無障礙環境的理念，給予安排班級教室的地點，以及提供各種設備（王亦榮，民88）。

五、特殊教育領域

肢體障礙學生除了上一般學生所需的課程外，更需要加強下列課程的教育：

(一)機能訓練

◆物理治療（physical therapy）

1. 運動治療：讓手腳軀幹能活動自如，例如不良於行做走路訓練。也包括粗細動作訓練，例如活動手臂。
2. 雷射、超音波：例如醫院以雷射、超音波來促進血液循環，改善腰痠背痛。
3. 水療：讓肢體障礙兒童在活動的熱水中浸泡，利用水的壓力、浮力、阻力按摩皮膚，促進循環。

◆職能治療（occupational therapy）

職能治療師會透過日常活動及遊戲，來促進孩童各種能力的發展，並且訓練孩童從事日常活動的技巧與能力；同時也會指導家長或老師在居家生活或學校生活情境中，提升孩童能力發展的方法、技巧或原則（王天苗，民92）。

◆語言治療（speech therapy）

最主要是針對腦性麻痺附帶有語言障礙的兒童。

(二)學業輔導

肢體障礙兒童可能因自身的障礙而影響學習，所以我們應盡可能加以輔導，使其學業成就不至於落後。

(三)生活輔導

◆保健教育

因為肢體有障礙，身體狀況不佳，無法與一般兒童一樣跑跑跳跳，或因運動不足而影響健康。也可能因為本身的障礙而有病痛，所以應給他們一些保健教育，確保身體健康。

◆心理輔導

依前所述，我們知道肢體障礙兒童可能有一些負面的心理狀態，所以有必要加以輔導。

◆休閒輔導

休閒活動可使肢障兒童身心更健康。一般人可做的活動，他們也大都可以做，例如輪椅籃球、輪椅合唱團、童子軍等。

(四)職業教育

在小學階段可做職業介紹，產生職業認知。至於國中階段則是對不升學的學生做職業訓練，讓其有一技之長。

六、無障礙的校園設計

為了讓肢體障礙學生能在一個無障礙的校園環境中學習，在軟硬體設施方面必須注意下列幾點（內政部，民98；許天威，民89）：

(一)無障礙設施標誌

美國於1969年以來所懸示的無障礙建築圖案已成為國際通用的標誌，我國內政部於民國77年也明訂於建築技術規則之中，凡是公共建築物內設有供殘障者使用的設施皆應於明顯處所設置殘障者使用設施之標誌。學校即屬一公共建築物，依規定要於備妥無障礙設施時揭示此一標誌（**圖7-1**），以及有關的路線指標，以便肢體障礙學生遵照通行。

依《建築技術規則建築設計施工篇》第170條「公共建築物設置供行動不便者使用設施之種類及適用範圍表」（內政部，民97）之規定：小學教室、教學大樓、相關教學場所（D-3類）、國中、高中（職）、專科學校、學院、大學等之教室、教學大樓、相關教學場所（D-4類）均應在下列場所設置無障礙設施：室外通道、避難層坡道及扶手、避難層出入口、室內出入口、室內通道走廊、樓梯、升降設備、廁所盥洗室、輪椅觀眾席位和停車空間。

圖7-1　無障礙設施之國際標誌

(二)引導通路

無障礙的校園環境要設置便於坐輪椅或拄拐者通行，其設置要點約有下列數項：

1. 室外引導通路：學校大門等出入口至校內各房舍之主要通道的寬度不得小於130公分，由於一般輪椅之寬度為80公分，如果常有輪椅交會的通路應有180公分。路面平整而不過分滑溜。
2. 高低路面之坡道：為使輪椅不受路面高低落差或被加蓋之溝渠所限制，務必使用坡道以保證其順暢通行，坡道之坡度不得超過一比十二。供肢體障礙者使用之內外通路走廊有高低差時亦同。前項坡道、通路、走廊之高低差未達75公分者，其坡度不得超過**表7-1**之規定。
3. 通道兩側之扶手：通道兩側應裝設連續而不任意中斷的扶手，扶手之建材質料與尺寸必須注意掌握方便而安全，扶手應與壁面保留至少5公分之間隔，以利手掌滑動並牢固地扶持。

(三)樓梯與升降梯

1. 樓梯：不可使用旋轉梯，梯級踏面不得突出，且應加裝防滑條，梯級斜面不得大於2公分。

表7-1　供殘障者使用之坡道坡度規定

高低差（公分）	75以下	50以下	35以下	25以下	20以下	12以下	8以下	6以下
坡度	十分之一	九分之一	八分之一	七分之一	六分之一	五分之一	四分之一	三分之一

2.電梯：坐輪椅者較適合使用電梯（升降機），其出入口淨寬度不得小於80公分，且應留設深度及寬度170公分以上之輪椅迴轉空間。

(四)教室

1.教室前後門：門的淨寬度不得小於80公分，且最好能自動開啟關閉，並不可有門檻而阻礙輪椅。如有門檻之落差，則應以斜坡輔助之。

2.教室內通道：應便於輪椅通行，足以讓輪椅行進於講台、前後門，以及全教室的座席之間。

3.講台與黑板：講台可以不設，好讓整個教室地板只有一個平面，黑板高度以能容許坐輪椅者利用其部分板面書寫為宜，必要時亦應在黑板兩側設置扶手。

4.課桌椅：應自復健醫療器材行購置或委請家具行訂製適合肢障學生的課桌椅。

(五)衛浴設備

供肢障學生使用的廁所、盥洗室、浴室等場所應該考慮輪椅的迴旋空間與防止滑跌的扶手。該等門戶以自動門或外開門為宜，門把高度應特別設計。汲水與沖水用之水龍頭也應加以調整，可以改為腳踏式或電子感應控制之水龍頭。地面上要使用防滑材料，並有良好的排水功能。

參考書目

內政部（民97）。《建築技術規則建築設計施工篇》。

內政部（民98）。《建築物無障礙設施設計規範解說手冊》。

王天苗（民92）。《特殊教育相關專業服務作業手冊》。教育部特殊教育工作小組印行。

王亦榮（民88）。〈肢體障礙者之教育〉。載於王文科主編，《特殊教育導論》。台北市：心理出版社。

李聖隆（民70）。〈中華民國「沙利竇邁度」藥物公害國際求償案件始末記要〉。《青少年兒童福利學刊》，期4，頁65-71。

林鴻基（民90）。〈常見的臍帶問題與胎兒異常〉。《嬰兒與母親月刊》，期301，民國90年11月，頁172-175。

許天威（民89）。《肢體障礙學生輔導手冊》。教育部特殊教育小組主編。國立台南師範學院印製。

教育部（民101）。《身心障礙及資賦優異學生鑑定辦法》。

《甦聲雜誌》（民90）。〈台灣！根除小兒麻痺〉，卷20，期3，民國92年3月，頁18-22。

Chapter *8*

身體病弱兒童

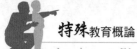

一、定義

根據《特殊教育法》第三條第七款的規定，身體病弱（health impaired children）指罹患疾病，體能衰弱，需要長期療養，且影響學習活動者；前項所定身體病弱，其鑑定由醫師診斷後認定（教育部，民101）。

在此我們要特別注意兩個問題：

(一)罹患疾病

通常指的是慢性病，慢性病不像急性病症很快就可醫好，通常需要一段很長的時間才能痊癒，甚至終生不癒，只能控制病情。例如肺疾病、氣喘、血友病、癲癇症、腎臟病、心臟病、肝病和惡性腫瘤等。此類兒童可分為兩種，第一種是常需住院的慢性病，如肺結核、心臟病、愛滋病、腎功能異常、嚴重的外傷及癌症等；第二種是隨時可能發作的疾病，平時隱伏不顯，一旦病情發作，就須立即處置，如癲癇症、氣喘、糖尿病及血友病等（陳修丰，民96）。簡介如下（李鍾祥，民81）：

◆肺疾病

常見的肺疾病有肺結核，俗稱肺癆，為結核桿菌所引起的肺部疾病。兒童感染本症後由胸部放射線檢查可見肺門淋巴節腫大，此淋巴腫爾後會鈣化而影響健康。病童若罹患結核病時，不可上學，以免傳染其他學童。

◆氣喘

即哮喘，病童會出現呼氣有雜音、咳嗽很嚴重和呼吸困難等症狀。

父母和老師宜教導病童避免引起氣喘的因素，如動物毛髮、遊戲、運動等。

◆血友病

此症具遺傳性，血液中缺乏凝血因子，兒童易患皮下或黏膜出血，故應避免從事易引起受傷的活動，一旦有受傷的情形，需立即送醫治療。病童平常身上要戴著或掛著標示疾病和血型的名牌，作為緊急處理之用。

◆癲癇症

俗稱羊癲瘋，此病乃是腦部不正常放電，造成抽搐之現象。發作時之症狀為身體部分或全身發生抽搐、意識障礙、知覺障礙、精神不正常，甚或自律神經機能障礙。基本上癲癇發作並不會傷害到腦部，然而當游泳、騎單車、爬高等情況發作時，則會造成傷害。因此從事上述活動時，必須有監護人在場，而上學時，需告知校方，老師也應知道處理癲癇發作的方法，以便就近照顧。此外，病童身上最好帶上名牌，書明姓名、電話、發作時之處理方式，以便一旦發作，旁人可處理。

◆腎臟病

病童罹患此症通常會出現血尿、蛋白尿、高血壓、腎功能低下、全身性水腫等部分症狀，在治療上也常視病情之症狀做短期或長期的照護。

◆心臟病

心臟病的嚴重度可分四級，第一級較輕可從事日常活動，而第四級則即便休息亦感不舒服。而治療上可分五級，第一級可日常活動自如，而

第五級需臥床休息，端視病情而定。心臟病分為兩種，一種是先天性，另一種是後天性，後天性心臟病以風濕熱和風濕性心臟病較常見。罹患心臟病兒童在體力許可範圍內可從事正常生活，不可參加激烈運動，如賽跑、游泳等。

◆肝病

肝病病童常出現肝腫大、黃疸、代謝異常，甚至胃腸出血。常見的肝病有A型肝炎和B型肝炎兩種，患童需注意飲食衛生與身體健康，B型肝炎病童更需注意前往醫院追蹤與治療。

◆惡性腫瘤

惡性腫瘤的病因通常由於遺傳基因、環境因素、病毒感染和免疫缺陷所引起，可能讓病童體重減輕、發燒、倦怠、生長遲緩或骨痛。治療惡性腫瘤需要團隊合作，包括第一線醫師如一般兒科醫師、家醫科醫師、血液腫瘤專科醫師、病理醫師、外科醫師和放射線治療師，同時也要護理師和社工員、復健師、營養師和精神科醫師的支援才能完全治療。病童的家屬應給病童信心、心理上的支持，指導病童正常的生活作息。

(二)會影響學習

身體病弱兒童因常須住院醫療或在家療養而無法天天到校上課，以致影響了學習活動，所以需要給予特殊教育。其目的主要在提供病童一個不防礙治療同時又益於健康的學習環境（郭為藩，民82）。

二、鑑定原則

對於身體病弱兒童之鑑定，主要由醫師負責，再會同特殊教育老師、家長等相關人員協商個別化教育方案，唯在鑑定時，必須遵循下列幾個原則（參考楊千立，民88）：

1.身體病弱兒童各器官系統之功能障礙之認定，應等治療告一段落，確定短期內無法矯正，其身體功能有障礙，而影響學習活動者。
2.身體病弱兒童的疾病若屬於進行性的，應依規定及鑑定醫生之判定，定期重新鑑定。
3.因兒童仍在成長，某些疾病雖知無法矯正，但因兒童的成長或可使其功能改善或惡化，故亦應由鑑定醫生之判斷，定期重新鑑定。

三、原因

身體病弱兒童產生的原因可能因病名的不同而有所不同，但整體而言，大致可歸納出下列幾種情況：

(一)先天

1.遺傳：父母已患有的疾病遺傳給子女，例如父母有心臟病，子女也遺傳了心臟病。另外，腎臟病、血友病、惡性腫瘤等疾病也都可能會遺傳。
2.懷孕期：例如母親罹患慢性病，如腎臟病、心臟病、糖尿病等等，或母親濫用藥物（如吸毒）、受病毒感染、過量的放射線照射、酗

酒、抽菸等，而致影響胎兒發育。

3.胎兒：胎兒營養不良或氧氣不足以致造成疾病。

(二)後天

1.疾病：兒童因為某種原因（如體質、營養、成長環境等）而罹患上述之慢性病。

2.身體器官無法發揮預期功能：主要指心臟、肺臟、腎臟等重要器官，出生後發育不全，未發揮預期的功能，而造成身體病弱。

四、身心特質

由於身體病弱的種類很多，不同的生理現象及病情，可能造成不同的身心特質，但總體而言，身體病弱兒童的身心特質可歸納出下列幾點說明：

(一)依賴

身體病弱兒童因為身體有病痛，父母親常代其做很多事，長期下來他們就產生了依賴性。

(二)憂傷

主要是憂慮自己的病會不會好，或者是自憐自己為什麼會得病，而別的小朋友並沒有，當然，也有部分病童會為前途感到憂傷。

(三)放縱

可能是父母親的溺愛所造成。當身體病弱兒童犯錯時，父母親可能心疼其病痛，而不忍指責或糾正他，久而久之就養成了放縱的行為。

(四)暴躁

長期臥病的成人因為行動受限制，情緒易暴躁，兒童也是一樣。兒童應該是活潑好動的，但卻因長期臥病，食衣住行育樂都受到限制，不像其他兒童自由自在的玩耍，所以情緒容易有暴躁現象。

(五)恐懼

尤其是重症病童更容易有恐懼的情緒。他們長期住院，看到或聽到病童死亡，因而產生恐懼。至於病情較輕的兒童，或病情已經被控制的兒童，也常考慮到會不會惡化而萌生恐懼感。而最普遍的恐懼是常常要打針或身體部位的疼痛，這都會影響其生活和學習的品質。

(六)退化

指表現出來的行為比實際年齡小，這常常都是父母親不當的教育態度所造成。例如常代勞，使其缺乏練習的機會，也養成依賴的習性。有些病童也常藉退化性行為來引起大人的注意或關愛。

(七)缺乏活力

身體病弱兒童可能因為病情關係，缺乏活力而造成身體虛弱、體力

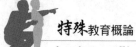

不佳的現象。

此外，黃美涓（民89）也針對身體病弱兒童在生理上、生活上及學習上歸納下列四個特徵：

1.長期多病而經常缺課或長期連續缺席。
2.異常肥胖、瘦弱、發育不良或肢體活動障礙。
3.身體經常顯得虛弱無力、容易暈倒。
4.輕微運動就心跳加速、呼吸困難，甚至面色發紫。

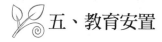 五、教育安置

(一)普通班

對於病情不是很嚴重，仍可上學的身體病弱兒童，通常被安置在普通班上課，為了不影響病情又可順利學習，下列人員應作適當的配合：

◆級任導師

注意身體病弱兒童是否課業太重、體育及遊戲不可太過激烈、是否按時用藥，若成績落後應作些必要的課業輔導。同時告知各科科任老師關於兒童之身體狀況及必須注意的事項。此外，若級任導師能學習一些簡單的護理、急救措施，應該更能提供身體病弱兒童適切的服務。當然，老師亦可藉聯絡簿，把病弱兒童在學校的情形告知家長。

◆護士

學校護士應定期為身體病弱兒童作身體檢查，如量身高、體重、血壓、脈搏等，並注意兒童用藥情形，建立身體病弱兒童校內護理檔案，且

需定期追蹤。

◆體育老師

　　為避免身體病弱兒童參加超過體能負擔的運動，造成對身體負面的作用，甚至發生猝死的情形，可依身體病弱兒童身體及體能狀況提供合適的體育活動。依中華民國兒童心臟委員會訂定的心臟病童日常活動種類及準則表，將體育課分為輕、中、重度運動三級，說明如下（引自楊惠芳，民90）：

1.輕度運動：可參加朝會、簡單體操、步行、短程郊遊、簡單游泳。
2.中度運動：可參加游泳、體操、雙打網球、躲避球、桌球、短程跑步、自行車。
3.重度運動：可參加賽球、賽跑、單雙槓、跳箱、柔道、空手道。

◆同學

　　在不涉及隱私權的情況下，老師宜適度的讓同學知道病弱兒童的病情，就消極面而言，可避免同學對他的誤會或傷害；就積極面而言，可以發揮同學之愛來幫助病童。

◆家長

　　把病弱兒童的病情、在家的狀況、長期用藥情形以及其他該注意的事項，充分地和老師溝通，藉以獲得適當的協助。

(二)床邊教學

　　這是一種針對身體病弱兒童及部分極重度、多重障礙兒童所規劃的特殊教育安置方式。民國72年8月24日台灣省立豐原高中禮堂倒塌造成

九十八名學生輕重傷，及民國73年3月30日台北市螢橋國小遭精神病患潑硫酸案，對於重傷的學生，教育單位曾施以床邊教學做心理和課業的輔導。床邊教學的目標、教學原則和注意事項說明如下：

◆目標

1. 消除學生學業落後的心理障礙：身體病弱學生無法天天到校上課，學業和情緒都受到影響，所以床邊教學有其必要性，可做部分的學業及心理輔導。

2. 解除病童的煩悶、抑鬱心情：因為長期臥床或住院心情不好，所以床邊教學可以消除負面的情緒。狹義的床邊教學是指課業輔導；廣義的床邊教學，還包括了說故事、音樂、美術、剪貼、團體活動等。

3. 輔導有不良習慣的病童：前面提到，父母親的不當管教可能造成病童依賴、放縱、退化等不良行為。所以床邊教學也要做心理輔導或生活常規的教育。

◆教學原則和注意事項

1. 須經家長、醫生及兒童的同意後再進行床邊教學。理由如下：

   (1) 家長同意：取得家長同意是非常重要的。因為家長是兒童的監護人，在未經家長同意的情況下施行床邊教學，若發生任何事故，可能會受到家長的責難，甚至引起法律訴訟。

   (2) 醫生同意：因為醫生可以客觀的根據兒童的病況評估是否可以施以床邊教學，或床邊教學的內容，以免因教學的實施，傷及兒童的健康。

   (3) 兒童同意：兒童是施以床邊教學的當事人。倘若病童不配合的話，教學無法收到功效。強迫實施教學，可能會使病童的情緒更

惡化，甚至影響病情。

2.彈性調整：即視病情調整上課內容及時間。如病情好轉可增加上課時數及內容，病情惡化就必須減少上課時數，甚至馬上停止上課。

3.依病童的年級和程度商請教師訂立教學計畫：即個別化教育計畫（IEP）。每個病童的差異性都很大，特教老師必須針對個別病童的個別需要及成就水準訂定教學計畫，才能符合其特殊需要。

4.改善家中或病房的自修環境：因為家中的臥室和醫院的病房，基本上並不是很好的學習環境，所以需要做一些調整。例如光線太暗會影響視力，噪音太多等都需要改善以利教學。此外，還需要為病童準備課桌椅，以免躺在病床上看書造成視力及骨骼方面的問題。

5.培養兒童學習習慣，準備病癒後回學校正常生活之適應：身體病弱兒童脫離正常生活和學校生活太久，重新回歸一般正常生活難免不適應。所以當病童快恢復時，我們應協助其做準備工作，與學校生活做好銜接，減少學校生活不適應的情況發生。

6.充分利用視聽器材：如錄音機、VCD、DVD、唱片、廣播節目、電視、幻燈片、網路、遠距教學等等教材及設施的運用，可彌補教科書的不足。尤其是對於無法離開病床的病童更有其必要性。

7.心理衛生指導：因為他們可能會有一些前述所說明負面的心理特質，所以需要加以輔導。

六、最後的教育——臨終教育

身體病弱的兒童並非均能治癒回歸學校上課，有些「來不及長大的孩子」似乎不能免於走向生命的終點，特殊教育老師在先前已陪病弱兒童走過一段路，此時更不能撤出教育，徒讓病弱兒童孤單的走完最後一

程。因此，臨終教育就顯得格外重要，其目的是協助病弱兒童有尊嚴的走完人生最後的路，其方法就是要滿足病童的特殊需要（special need）。此時特殊教育老師至少可以實施下列兩點措施：

(一)心理輔導

美國死亡研究先驅之一的Kübler-Ross（1969）在其著作中提出瀕死者的五個心理反應模式：震驚與否認（shock and denial）、憤怒（anger）、討價還價（bargaining）、沮喪抑鬱（depression）、接受（acceptance）（引自陳芳智，民83）。特教老師宜進一步瞭解病弱兒童處在哪一個歷程，介入輔導，儘快讓病弱兒童接受這一個事實，讓病弱兒童更能平靜的走完人生。

(二)引進安寧療護

中華民國安寧照顧基金會認為安寧療護的整個照顧過程中，病人有最大的自主權，家屬全程參與，滿足病人肉體的、情緒的、社會的、精神的，以及病人家屬的需要（引自林烝增，民91），此點與特殊教育的特殊需要不謀而合，值得推介，讓安寧療護（或稱臨終關懷、善終服務）團隊（含特教老師、醫生、護士、社工員、宗教人員、相關志工等）為病弱兒童共同上完人生最後的一課。

參考書目

李鍾祥（民81）。《身體病弱兒童輔導手冊》。教育部第二次全國特殊兒童普查
　　工作執行小組發行。

林烝增（民91）。〈臨終關懷〉。載於郭靜晃等，《生命教育》。台北市：揚智
　　文化。

教育部（民101）。《身心障礙及資賦優異學生鑑定辦法》。

郭為藩（民82）。《特殊兒童心理與教育》。台北市：文景書局。

陳芳智（民83）。《生死大事——如何幫助所愛的人走完人生旅程》。台北市：
　　遠流圖書公司。

陳修丰（民96）。《癲癇症學童學校的學習與社會適應及支援需求之探討》。中
　　國文化大學青少年兒童福利研究所碩士論文。

黃美涓（民89）。《身體病弱學生輔導手冊》。教育部特殊教育小組主編。國立
　　台南師範學院印製。

楊千立（民88）。〈身體病弱學生鑑定原則鑑定基準說明〉。載於張蓓莉主編，
　　《身心障礙及資賦優異學生鑑定原則鑑定基準說明手冊》。教育部特殊教育
　　工作小組委託。國立台灣師範大學特殊教育學系編印。

楊惠芳（民90）。《國語日報》，民國90年2月20日，版1。

Kübler-Ross, E. (1969). *On Death and Dying*. New York: Macmillan.

Chapter *9*

情緒行為障礙兒童

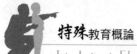
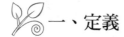一、定義

根據《特殊教育法》第三條第八款所稱情緒行為障礙，指長期情緒或行為表現顯著異常，嚴重影響學校適應者；其障礙非因智能、感官或健康等因素直接造成之結果。其鑑定基準依下列各款規定（教育部，民101）：

1.情緒或行為表現顯著異於其同年齡或社會文化之常態者，得參考精神科醫師之診斷認定之。
2.除學校外，在家庭、社區、社會或任一情境中顯現適應困難。
3.在學業、社會、人際、生活等適應有顯著困難，且經評估後確定一般教育所提供之介入，仍難獲得有效改善。

所以情緒行為障礙指的是長期的偏異現象，一般精神醫學所指的長期，通常病情持續六個月以上，而非一天兩天而已，且會影響正常生活及學校、社會、人際適應，例如無法專心上課、無法作業、家庭生活無法正常等。另外有排除條款，排除智能障礙，亦即若有一位小朋友有情緒行為障礙也有智能障礙，那我們會鑑定其為智能障礙而非情緒行為障礙。感官指的是我們的五官，其中視覺障礙和聽覺障礙就是感官障礙。所以如果全盲和重聽的小朋友若附帶有情緒行為障礙的話，同樣的我們鑑定其為視覺障礙或聽覺障礙，而不認定其為情緒行為障礙。健康方面也是，身體病弱附帶有情緒行為障礙時，我們認定其為身體病弱，而非情緒行為障礙。

具體言之，情緒行為障礙主要包括下列六項重要特徵（洪儷瑜等，民89）：

1.主要問題在行為或情緒反應顯著異常。
2.問題的嚴重程度需要長期而且明顯的，且經普通教育之一般輔導無

顯著成效者。

3.問題的異常性之鑑定以年齡發展、文化之常態為標準。

4.問題的結果需導致妨礙學習，或對學校教育成效有負面之影響者，且會出現在學校以外的情境。

5.問題的成因需要排除適應困難，非智力、感官或健康等因素直接影響者。

6.問題的類型包括精神醫學診斷的五大項疾患（disorder）範圍（五大項疾患請參考APA(1994)DSM-IV）。

二、種類

依照教育部（民101）所提之《身心障礙及資賦優異學生鑑定辦法》所列的種類，包括下列數者：

(一)精神性疾患

例如精神分裂症。有精神分裂症的兒童思考無法連貫而有跳躍的現象，例如請他說明昨天發生的事情，他可能會顛顛倒倒，講完了下午的事又跳回早上，這是思想不連貫或跳躍的現象。或有幻覺，如幻聽，可以聽到他人聽不到的聲；幻視，看到他人看不到的東西。

(二)情感性疾患

1.躁症：當兒童患有躁症時，可能會語無論次、亂發脾氣、坐不住、口中唸唸有詞，有點過動兒傾向，動來動去顯得毛毛躁躁。

2.鬱症：例如賴床、不想做任何事、整天懶洋洋不講話。兒童若有鬱

症的話，就不太願意參加團體活動，也不喜歡和其他小朋友交談遊玩，一個人靜靜坐在角落，甚至蹲在牆角下。

3.躁鬱症：即躁症和鬱症輪替，有時是躁症，有時是鬱症，但不會同時出現。

(三)畏懼性（恐懼症）疾患

一般所謂的恐懼（phobia）是指特定形式的害怕，通常是指害怕的反應超出現實的程度，而且其感覺是難以理解的，甚至會持續表現出逃避的行為反應。兒童常見的恐懼症介紹如下：

1.懼高症：有些兒童到了高樓大廈樓頂不敢往下看，或者到了山上不敢走吊橋，這些都屬於懼高症的表現。

2.社交恐懼症：指不願意有社交活動，參與需要與人互助的活動時會有恐懼感，例如不敢上台對大眾講話，很難結交新朋友。

3.幽閉恐懼症：指不敢一個人待在狹小空間裡，例如睡覺時不敢將房門關上。

4.懼動物症：在此所謂懼動物症並非指兒童害怕獅子、老虎，而是指不合理的害怕，例如怕蟑螂、螞蟻等，而害怕的程度超出想像。

5.懼學症：有些兒童沒有理由的害怕上課，尤其在上學前會表現一些不尋常的動作，例如裝病、拖延時間等。

(四)焦慮性疾患

很多學齡階段的兒童，由於調適力不足以及長期的持續壓力而易產生焦慮性疾患。焦慮性疾患包括：分離性焦慮、廣泛焦慮、強迫性和創傷後壓力性疾患。一般而言，焦慮性疾患的出現率約為4～14%，以女生

為多,而男生在十歲以後的青春期階段只出現廣泛焦慮的比例逐漸增加
(Wicks-Nelson & Israel, 1997;引自洪儷瑜等,民89),例如慮病症,本
身無病,卻誤認為生病或害怕生病。如果一個人罹患癌症當然會害怕,但
焦慮症患者並未得癌症也感到害怕,或者擔心得到癌症,因此整天都在看
病,但卻沒病。

(五)注意力缺陷過動症

注意力缺陷過動症(Attention Deficit Hyperactivity Disorder,
ADHD),即俗稱的過動兒。

注意力缺陷過動症　診斷標準

一、注意力缺陷型(inattention type)

本類型至少需持續具有下列八個特徵六個月以上,且這些行為表
現與其應有發展水準不符。

1. 學校功課、日常工作或其他活動,經常無法注意細節或因漫不
   經心而造成錯誤。
2. 工作或遊戲時,經常無法維持注意力。
3. 別人對他說話時,經常無法維持注意力。
4. 對於學校功課、家庭工作或一般工作,經常無法遵從指示或無
   法完成(非因反抗或不理解指示)。
5. 經常無法對所從事的工作或活動加以組織。
6. 經常避免或強烈地表示不喜歡需要持續專注心力(mental
   effort)的工作。

7.經常忘記攜帶家庭或學校作業、活動所需的物品（例如鉛筆、書、作業）。

8.經常易因外界刺激而分心。

二、過動—衝動型（hyperactive-impulsive type）

本類型至少需持續具有下列六個特徵六個月以上，且這些行為表現與其應有發展水準不符。

1.過動：

(1)坐於座位時，經常手腳動個不停或坐立不安。

(2)在需要持續坐於座位的教室或其他情境中，卻經常離開座位。

(3)經常表現過度的、不符情境所需的跑或爬。

(4)經常難以計畫或從事需要安靜進行的休閒活動。

2.衝動：

(1)經常於問題完成作答前，即搶先回答。

(2)遊戲或於團體性活動的情況中，難於表現依序等待的行為。

三、綜合型

持續具有上述兩個類型六個月以上，即可稱之為綜合型。除上述兩種類型外，該診斷手冊並列出非特定型，該型雖未符合以上兩種類型，但卻具有注意力缺陷／過動之缺陷。

對於ADHD的診斷尚需注意三個標準：

1.行為表現於七歲以前。

2.行為出現於兩個情境以上（例如學校與家庭）。

3.明顯的影響其社會、學業或作業活動功能。

資料來源：American Psychiatric Association, 1994；引自胡永崇，民89。

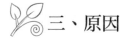

三、原因

從不同的學理，可以對情緒行為障礙兒童產生的原因作不同的解釋，說明如下：

(一)精神分析論

◆佛洛依德

佛洛依德（Sigmund Freud）認為兒童會產生情緒障礙，可能與下列三者有關：

1. 意識與潛意識的衝突：「意識」指精神狀態清楚的時候，「潛意識」指潛隱在意識之下的意識，是我們不知道的意識；當一個人意識狀態與潛意識狀態的慾望、需求有衝突時，個體比較會鬧情緒。

2. 人格結構的失衡：佛洛依德將人的人格結構分為本我、自我和超我。本我受到快樂原則（或唯樂原則）的支配，自我受現實原則的支配，超我受到道德原則的支配。佛洛依德認為兒童的本我、自我和超我三者若失去平衡的話，就會產生情緒困擾。例如某幼童因寒風來襲得了重感冒，但看到了他人吃冰淇淋時他也吵著要吃。由於他平時就喜歡吃冰淇淋，吃冰淇淋可使他感到很快樂，這是我們原始的本我慾望，受到唯樂原則的支配。在生理和心理上我們都會有這種慾望。但是事實上由於他有病在身是不可以吃的，所以當母親禁止他吃時，他就產生了情緒困擾。輕者只是心情受影響，重者可能會哭鬧不已。這就是本我和自我沒有得到平衡而產生了情緒困擾。而人的最高行為指導原則是超我，例如考試時是不可以作弊

的。但某考生可能因為準備不足而想偷看，但他又怕被老師發現。此時，他的本我和超我（道德良心）失去平衡，情緒就會受到影響。

3.早期不良生活經驗：佛洛依德強調兒童的人格在六歲以前就已經逐漸形成。所以若六歲之前兒童的生活經驗非常不好的話，就會產生情緒困擾。例如生活在暴力家庭的目睹兒，常常看到父母爭吵，耳濡目染下他的心情就不會好。或是受虐待的小孩、病弱和肢體障礙等等，這些兒童都可能因為早期的不良生活經驗而有情緒困擾。

◆艾力克森的社會心理學說

艾力克森（Erik Erikson）認為在嬰兒期發展的目標與危機是「信任與不信任」。即嬰兒的生理和心理未得到應有的滿足（生理的滿足如飲食，心理的滿足如父母常抱他），使他未得到應有的愛，日後就會產生對他人的不信任感。幼兒在二至三歲時發展的目標是「自主」，危機是「羞愧疑惑」。此時的幼兒已能爬、跑、跳，父母若能讓他自由的爬行，他就會發展出自主性；相反的，若限制他的行動，就會產生羞愧疑惑的性格。四至五歲遊戲期的幼兒發展目標是「自動自發」，發展危機是「罪惡感、內疚感」。此時幼兒已開始上幼兒園，又正值遊戲期，父母或老師若能任其自由玩耍，使其得到滿足，就能產生自動自發的個性；倘若處處限制他，例如不可玩溜滑梯、不可盪鞦韆等，限制太多內心就會有一些罪惡感，懷疑自己究竟犯了什麼錯，為什麼不可去溜滑梯，而別的小朋友可以。到了小學階段發展的是「勤勉—自卑」，成績優良、受父母老師同學喜愛的兒童會發展出勤勉的性格；相反的，若成績不佳或不受歡迎的就會產生自卑感。總而言之，「不信任」、「羞愧疑惑」、「罪惡感」、「自卑」可能會產生情緒行為障礙。

(二)生理心理論

此類學者認為兒童之所以會產生情緒行為障礙，主要是因為大腦發生病變，或是大腦的生化不平衡等生理上的因素造成。總括來說是屬於大腦病變的生理因素，例如過動兒、自閉症等。

(三)行為論

一般指兒童遇到不當的周遭環境所影響，而造成情緒困擾。以下列幾種情境加以說明：

1. 家庭環境：例如父母經常打罵小孩，使兒童心生恐懼。或者兄弟姊妹爭寵妒嫉等。
2. 學校環境：例如老師動不動就體罰、恐嚇學生，或者在學校與同儕相處不睦，被同儕欺負，均會造成學童的情緒困擾或行為問題。
3. 社會環境：例如社會環境中有很多的誘惑，若得不到滿足就可能產生情緒困擾或行為問題。

(四)認知論

以下列兩個觀點加以解釋：

1. 皮亞傑論及「調適」係指先前的認知和以後的認知有衝突：認知有衝突時心情就會不愉快，例如父母告訴子女不可以說謊，可是自己卻說謊了，在小孩心中就產生了認知的衝突，而有情緒困擾或行為問題。
2. 想法有偏差：例如某幼兒因為別人不跟他玩而打人，他以為打別的

小朋友,小朋友就會跟他玩。這表示他的認知有偏差。如此也可能造成一些情緒或行為的問題。

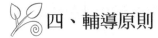

四、輔導原則

輔導情緒困擾的兒童,必須注意下列幾個原則,其成效會更佳。

(一)情緒本身是一個訊號

遇到小朋友哭鬧的時候,大人常利用糖果做條件叫小朋友不要哭,以為只要小孩不再哭泣就沒事了。這是不對的,情緒本身應是一個訊號,我們應當瞭解孩子為什麼哭?為什麼生氣?只是叫他不要哭,問題並沒有解決,情緒依然困擾,問題行為依然存在。如果小朋友不哭,這只是治標的方法,而沒有治本。

(二)「瞭解」情緒重於「處理」情緒

如上所述,不能真正瞭解造成情緒困擾或問題行為的原因,就無法確實地將問題解決,撫平情緒。

(三)處理過程

處理的過程依序為:發洩、接納、安撫、瞭解、協助。前面三項是治標的策略,後兩項是治本的方法。例如孩子受了委屈而哭,必須先讓他發洩一下,然後表現對他情緒或行為的接納,小孩子知道自己的委屈已被

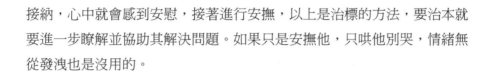
接納，心中就會感到安慰，接著進行安撫，以上是治標的方法，要治本就要進一步瞭解並協助其解決問題。如果只是安撫他，只哄他別哭，情緒無從發洩也是沒用的。

(四)教導孩子如何適當表現自己的情緒

從小就要教導孩子在適當的時間表現適當的情緒或行為。例如我們不希望孩子在火車上大聲哭泣，我們就要教導他們如何在各種場合表現適當的情緒或行為反應。至於在發洩情緒或表現行為的對象方面，我們也要教導孩子，對什麼人可以有什麼情緒或行為，不可以有什麼情緒或行為，這樣他們才能適當的表現自己的情緒或行為。

(五)讓孩子知道自己（指老師、父母）面對情緒或行為反應的感受

例如當孩子在火車上哭鬧令父母感到難堪時，父母就要讓兒女知道父母當下內心的感受。使兒女明瞭即使是受了委屈或非常生氣，也不能在任何公共場合對任何人發脾氣。如此可以避免兒童太過於自我中心，在做任何事時，能考慮到別人的感受。

五、輔導方法

輔導情緒行為障礙兒童的方法有很多，以下就列舉幾個方法以供參考：

(一)心理治療（psychotherapy）

即利用心理學的原理原則及方法，例如正增強、負增強和處罰等方式。有好的行為、情緒表現時，就給他物質獎勵（如給糖果或玩具）、精神獎勵（如拍手）和社會性鼓勵（如摸摸頭、抱抱他）。若有不好的行為或情緒出現時，則可給予適度的處罰，以抑制這類行為的產生。

(二)遊戲治療（play therapy）

利用遊戲讓兒童表達及揭露感覺、想法、經驗及行為，並透過經過良好訓練的治療者，選擇遊戲素材，讓兒童在安全關係下，來宣洩情感，例如藝術、玩沙、圖書、說故事、舞蹈等方式來幫助孩子處遇其認知、情緒及社會之困擾（Wilson & Ryan, 2001；引自郭靜晃，民98）。

(三)工作治療（work therapy）

例如玩積木、剪貼或作勞作等，依兒童個人的喜好而定，兒童在工作中得到快樂，自然可以抒解情緒。

(四)團體治療（group therapy）

最主要是針對較孤僻或社會行為較差的兒童，可以安排幾位社會行為較好的同儕和他一起玩或作功課。因為孤僻行為通常是由不好的人際經驗所引起的，因此若能給一些好的經驗，那麼他們將會再走入人群。

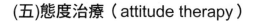

(五)態度治療（attitude therapy）

　　這是針對兒童的照顧者而言。因為兒童的情緒困擾或行為問題有許多是因為不當的管教所引起的，所以對照顧者的態度治療也是非常重要。亦即修正父母（或其他照顧者）的管教態度或方法，兒童的情緒或行為問題可獲得消除。

(六)藥物治療（drug therapy）

　　很多情緒或行為上的問題，如本章前面所提到的精神性疾患、情感性疾患、畏懼性疾患、焦慮性疾患、注意力缺陷過動症等，都可以利用藥物作有效的控制，甚至於治療，一般常用的藥物包括中樞神經興奮劑、抗精神病、抗憂鬱劑、抗焦慮劑等。不過對學齡前的幼兒使用藥物治療要特別謹慎，以免妨礙其正常發展。

(七)讀書治療（bibliotherapy）

　　高嘉慧（民91）認為將讀書治療應用於情緒行為障礙兒童的輔導會有不錯的成效。其方法包括：

1. 個案法：以一對一的方式，藉助於童書輔導情緒行為障礙兒童。亦即教師藉由童書中的情節或人物與兒童討論，協助兒童表達內心的感受，如此可瞭解兒童的情緒問題，進而達到輔導的目的。
2. 理情治療法：以童書中正確的概念去引導兒童因錯誤認知所產生的情緒困擾。
3. 社會學習法：藉助於童書中角色行為的模仿，學習達到治療情緒困擾的目的。

4.防衛機制法：利用心理自我防衛的方式，消除心理障礙。

此外，van der Donk、Hiemstra-Beernink、Tjeenk-Kalff、van der Leij 與Lindauer（2013）發現，運用電腦記憶訓練與職能訓練可以提高注意力缺陷過動症學童的學習成績。

參考書目

洪儷瑜、黃慈愛、彭于峰、翁素珍、林書萍、吳怡潔（民89）。《情緒障礙學生輔導手冊》。教育部特殊教育小組主編。國立台南師範學院印製。

胡永崇（民89）。〈學習障礙者之教育〉。載於王文科主編，《特殊教育導論》。台北市：心理出版社。

高嘉慧（民91）。《讀書治療對情緒障礙兒童輔導的應用》。於91年4月26日假崑山科技大學舉辦之「2002童書與兒童情緒輔導學術研討會」所發表之論文。

教育部（民101）。《身心障礙及資賦優異學生鑑定辦法》。

郭靜晃（民98）。〈情緒發展〉。載於郭靜晃、黃志成、黃惠如編著之《兒童發展與保育》，頁277-310。新北市：國立空中大學。

American Psychiatric Association (1994). *Diagnostic and statistical manual of mental disorders* (4th ed.). (DSM-IV). pp. 85-91. Washington, DC2005.

van der Donk, M. L. A., Hiemstra-Beernink, A. C., Tjeenk-Kalff, A. C., van der Leij, A. V., Lindauer, R. J. L. (2013). Interventions to improve executive functioning and working memory in school-aged children with AD(H)D: a randomised controlled trial and stepped-care approach. *BMC Psychiatry, 13*, 13-23.

Wilson, K., & Ryan, V. (2001). Helping parents by working with their children in individual child therapy. *Child and Family Social Work (special issue), 6,* 209-217.

Chapter *10*

學習障礙兒童

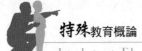
與其他身心障礙的兒童比較，學習障礙（learning disabilities）兒童算是被父母及老師誤會最深、謾罵最多的小孩，因為他們耳聰目明、四肢完好、頭腦聰明、身體健康……幾乎少有特別的外顯症狀，但是在學校課業的表現就是讓父母及老師頭痛，於是許多負面言語（如聰明但不用功）或行為（如體罰）就不斷地加諸在他們的身上，但其實他們也是感到相當無奈。因此，學習障礙常被認為是一種隱形的障礙或看不見的障礙（invisible handicap），這個說法也道出了學習障礙不易讓人辨識出來的問題。

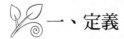
一、定義

根據《特殊教育法》第三條第九款所稱學習障礙，統稱神經心理功能異常而顯現出注意、記憶、理解、知覺、知覺動作、推理等能力有問題，致在聽、說、讀、寫或算等學習上有顯著困難者；其障礙並非因感官、智能、情緒等障礙因素或文化刺激不足、教學不當等環境因素所直接造成之結果。前項所定學習障礙，其鑑定基準依下列各款規定（教育部，民101）：

1.智力正常或在正常程度以上。
2.個人內在能力有顯著差異。
3.聽覺理解、口語表達、識字、閱讀理解、書寫、數學運算等學習表現有顯著困難，且經確定一般教育所提供之介入，仍難有效改善。

上述所謂「智力正常」是指智商在七十以上，所以被認定有學習障礙的兒童，智商至少需在正常程度以上。

二、認定標準

一般在認定一個學生是否有學習障礙時，通常採用下列三個指標：

(一)差距性

指潛能和成就有差距。潛能最具代表的是智力，成就最具代表的是學業成績。很多研究皆認為學生的智商和學業成績有正相關，若智商和成績有明顯差距者，但是並非不用功的因素，而是大腦的神經病變所引起，吾人認定可能為學習障礙。

(二)排他性

即前述定義中所指「……非因感官、智能、情緒等障礙因素或文化刺激不足、教學不當等環境因素所直接造成」，以下因素排除之，包括視覺障礙、聽覺障礙、智能障礙、情緒行為障礙、缺少教育或教師教學方式不適當等等。亦即兒童若有上述的問題，而又有學習障礙的特質時，吾人不會將之鑑定為學習障礙，而會將之認定為上述的障礙。

(三)特殊性

至少包含以下兩者：

1. 特殊學習能力的缺陷：例如注意力不集中、記憶力的缺陷或語言的問題等，如此影響學業成績的表現。
2. 此類兒童可能不適合一般教育，而必須給予特殊教育，如此才能滿

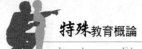
　　足其特殊需要，發揮學習效果。

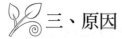三、原因

　　造成學習障礙的原因可分為下列幾點說明：

(一)遺傳

　　指中樞神經系統的障礙或病變。也就是父母有注意力不集中、記憶不足、學習問題等病變，且遺傳給了子女。以閱讀障礙兒童為例，DeFries等學者（1987）認為同卵雙胞胎的閱讀問題有30%來自於遺傳的因素。Olson等學者（1989）的研究發現，同卵雙胞胎，二者皆為閱讀障礙的比例，明顯高於異卵雙胞胎，可見閱讀障礙與遺傳有關。

(二)胎兒期

　　例如過量的放射線照射，孕婦抽菸、酗酒、藥物濫用、情緒不穩等都可能加害胎兒，導致出生後變成學習障礙兒童。

(三)生產時

　　生產過程的處置不當、早產或新生兒病變也可能造成未來的學習障礙，例如：

1.早產兒：因為早產可能導致腦部功能不全、障礙，而造成日後學習的問題。

2.生產時缺氧或腦傷：因為學習障礙是大腦病變所引起，所以生產時缺氧或腦傷也可能造成學習障礙。

3.黃疸過高也可能造成學習障礙。

(四)後天因素

所有會使大腦中樞神經病變的因素都有可能造成日後的學習障礙，說明如下：

1.嬰幼兒期的因素：例如腦傷、腦炎、腦膜炎、發高燒，都足以影響中樞神經系統。

2.營養不良：基本上營養不良也會影響腦部的發育，進一步造成學習上的問題。

3.體內生化不平衡：尤其是腦部生化不平衡，影響腦部正常發展，導致學習障礙。

4.環境剝奪：和文化刺激不足類似，該給予兒童的學習刺激未給予。包括：

(1)生理方面：如吃的、用的未能給予滿足，以至於影響腦部的發育。

(2)心理方面：兒童的成長過程中，缺乏愛的滋潤、缺乏語言的刺激、缺少玩具、缺少遊戲機會，造成大腦發育受到影響。

5.教育失當：例如大班級教學，未能注意個別差異造成學習障礙。此外，有許多學生因為在普通教育的教學環境中，沒有獲得適當的教學，而需要接受特殊教育服務。研究發現：如果能提高普通教育的品質，學習障礙學生的人數就可以減少（Fletcher et al., 2004；引自詹士宜，民96）。MacFarlane與Woolfson（2013）也指出，教師的

態度和行為對學習障礙兒童有影響。可見教育品質的優劣會影響學習障礙兒童的出現。

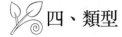 四、類型

美國特殊教育學者Kirk和他的研究夥伴將學習障礙的類型分為下列三者（**圖10-1**）：

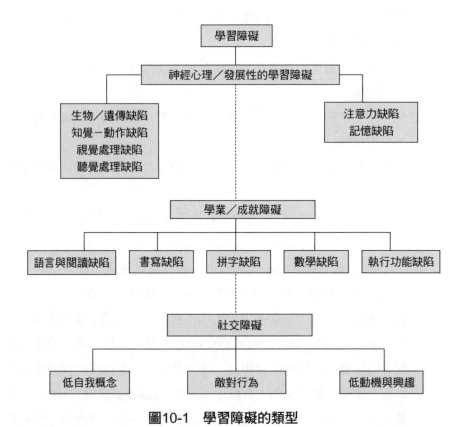

圖10-1　學習障礙的類型

資料來源：Kirk, Gallagher & Anastasiow, 2000.

(一)神經心理／發展性的學習障礙（neuropsychological/ developmental learning disabilities）

1. 生物／遺傳缺陷：指兒童因承繼父母遺傳因子，造成發展上的障礙，而影響學習者。

2. 知覺－動作缺陷：感覺、知覺和動作的協調出現問題而影響學習。例如：對類似的刺激有缺陷，難以分辨下列的字「人、入」、「貪、貧」、「今、令」、「辦、辨」等。

3. 視覺處理缺陷：指兒童在以眼睛接收訊息後，透過視神經傳達到視覺中樞的過程有問題，而影響學習成效者，例如：看到的東西與大腦的認知有差異。

4. 聽覺處理缺陷：指兒童在以耳朵接收訊息後，透過聽神經傳達到聽覺中樞的過程有問題，而影響學習成效者，例如：聽到的聲音與大腦的認知有差異。

5. 注意力缺陷：例如上課時注意力無法集中、東張西望、坐立難安，以至於無法學習到老師所講的內容，造成學業成績欠佳。

6. 記憶缺陷：一般指記憶有問題。偶爾忘了某些事是正常，但若一個智商在正常以上的學童，卻常常忘東忘西，就可能是記憶有問題了。特別是在課堂上老師所講的內容，學童很容易就忘掉了，以至於考試考不好。以透過注音符號學國字為例，一般學生只要注音符號學會了，學習國字是順理成章的事，但對於學習障礙的學生而言，注音符號和國字之間常無法產生記憶連結，例如：「ㄓˋ」無法與志、制、置、智、治、秩、至等建立連結關係。

(二)學業／成就障礙（academic/achievement disabilities）

通常指進入國民小學以後才出現的學習障礙。包括：

1. 語言與閱讀缺陷：指兒童雖然沒有智能障礙，但無法和同年齡的兒童一樣正常的說話和閱讀，與人溝通有問題，看書會跳字跳行，以至於無法看懂書本的內容，造成考試成績不佳的現象。

2. 書寫缺陷：例如「今」和「令」、「人」和「入」等相近文字無法分辨，以至於常常寫錯字或別字。

3. 拼字缺陷：指英文字彙的拼字常出現錯誤，例如將learning寫成 learing。

4. 數學缺陷：例如同年齡且智商中等的兒童大部分能運算的加減乘除，他不會算。

5. 執行功能缺陷：指對於老師所交待的功課，或父母所交待的任務無法有效的達成。

由於學習障礙的兒童有上述的問題，以至於常常考不出令父母或老師滿意的成績。而事實上，上述兩類應有因果關係，也就是有「發展性」的學習障礙，造成了「學習性」學習障礙之果（胡永崇，民89）。

(三)社交障礙（social disabilities）

1. 低自我概念：指兒童對自己的認知不清或錯誤，以至於與人互動時產生困難。

2. 敵對行為：指兒童與人互動時，常出現敵對行為，如口角、攻擊，以至於影響人際關係。

3. 低動機與興趣：指兒童對於與人互動缺乏動機和興趣，以至於在校缺少朋友。

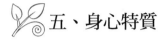五、身心特質

(一)基本特性

1. 低成就：指雖然智力在正常程度以上，但學業成就低。例如某生已經小學四年級了，但閱讀能力、數學能力或書寫能力只在小學一、二年級水準。也因為如此，常被認為是聰明但不用功。

2. 內在能力顯著差異：例如某生做完性向測驗後，發現語文推理能力的百分等級為九十，數學的能力百分等級為二十一，空間關係的百分等級為七十九，記憶能力的百分等級為八十七。由上面的結果，大致可以初步推測該生為數學能力缺陷。經過如此的診斷，也可提供教育上的參考。

3. 不穩定的心理動作能力：例如兒童常出現過動、衝動、注意力不集中、破壞力強等狀況。

(二)學習行為症狀

1. 注意力缺陷：上課時不專心，導致不能瞭解老師所講的內容，考試成績當然不好。

2. 知覺缺陷：例如視知覺缺陷、聽知覺缺陷及觸知覺缺陷等，以至於影響學習成果。

六、教育安置

對於學習障礙兒童的教育安置，大概可以分為下列幾個方向：

(一)普通班

學習障礙兒童通常被安置在普通班上課有兩個理由：

1. 基於融合教育的觀點，讓學習障礙的學童有更多的機會學習社會適應。
2. 因為大部分學校沒有學習障礙的特殊班或資源班，所以學習障礙的兒童以在普通班就學為最多。

(二)學障班

將學習障礙兒童集合在一起上課，由專業的特殊教育老師依照鑑定結果，撰寫個別化教育計畫（IEP），依學習障礙的特殊需求給予特殊教育，如此較能重視個別差異，應有較好的學習表現。

(三)資源班

即學習障礙兒童大部分時間在普通班上課，只有少部分時間抽離到資源班上課，由資源班的老師針對其缺陷給予特殊的輔導。

七、教學方法

Wehmeyer、Palmer、Shogren、Williams-Diehm和Soukup（2013）認為，促進自決權為教育和服務學習障礙學生最佳做法。學習障礙兒童的教學方法很多，主要是根據學童的個別差異及障礙類型來設計，列舉如下（參考王瓊珠，民91；林素婉，民91）：

(一)視覺訓練

　　學習障礙兒童常有符號辨認混淆、左右顛倒，或是閱讀時跳字跳行的現象，其根本問題出在眼睛無法對文字符號做有效的處理。因此，可讓兒童走紙上迷宮，練習在兩條線中間畫線；在電腦上快速區辨複雜的視覺刺激，如此均可有效的促進視覺發展或修正視覺上的障礙。

(二)聽覺訓練

　　例如以過濾音頻的方式，讓閱讀障礙的兒童只聽某種音樂，或是將聽覺刺激放慢，兒童先聽放慢、拉長的語言後，再練習將聽到的聲音合成。主張聽覺訓練的治療者認為學習障礙者常帶有聽覺理解困難、錯誤指令、聽覺記憶短暫等問題，所以要強化其聽知覺的功能。

(三)生理的角度介入

　　例如讓兒童改變睡姿、倒置兒童、讓兒童爬行、以聲音或亮光刺激兒童、服用高劑量維他命、控制過敏原、針灸等，不過最為大家熟知的恐怕是感覺統合訓練。

(四)潛能發揮

　　讀寫有困難的兒童，因為能言善道，提供了充滿想像的情境；寫不出卻能讀的兒童，可以領讀；書寫能力較好的兒童，可以扮演白板前的小老師。透過這種合作學習，除了各展長才，也因互相觀摩學習，而學會勇於嘗試。

參考書目

王瓊珠（民91）。〈學習障礙可以治療嗎？〉。《國語日報》，民國91年4月7日，13版。

林素婉（民91）。〈學障兒的語文學習指引〉。《國語日報》，民國91年4月7日，13版。

教育部（民101）。《身心障礙及資賦優異學生鑑定辦法》。

胡永崇（民89）。〈學習障礙者的教育〉。載於王文科主編，《特殊教育導論》。台北市：心理出版社。

詹士宜（民96）。〈介入效果模式的學障鑑定〉。《特殊教育季刊》，期103，頁17-23。

DeFries, F., Fulker, D. & LaBuda, M. (1987). Evidence for genetic etiology in reading disabilities of twins. *Nature, 329*, 537-539.

Fletcher, J. M., Coulter, W. A., Reschly, D. J., & Vaughn, S. (2004). Alternative approaches to the definition and identification of learning disabilities: Some questions and answers. *Annals of Dyslexia, 54*(2), 304-331.

Kirk, S. A., Gallagher, J. J., & Anastasiow, N. J. (2000). *Educating Exceptional Children.* N.Y.: Houghton Mifflin Co.

MacFarlane, K., & Woolfson, L. M. (2013). Teacher attitudes and behavior toward the inclusion of children with social, emotional and behavioral difficulties in mainstream schools: An application of the theory of planned behavior. *Teaching and Teacher Education, 29*, 46-52.

Olson, R., Wise, B., Conners, F., Rack, J. & Fulker, D. (1989). Specific deficits in component reading and language skills: Genetic and environment influences. *Journal of Learning Disabilities, 22*, 339-348.

Wehmeyer, M. L., Palmer, S. B., Shogren, K., Williams-Diehm, K., & Soukup, J. H. (2013). Establishing a causal relationship between intervention to promote self-determination and enhanced student self-determination. *Journal of Special Education, 46*(4), 195-210.

Chapter *11*

自閉症兒童

在日常生活當中，如果有人把自己封閉起來，不理會別人，常常被標籤為自閉症，到底特殊教育中的「自閉症」所指為何呢？

一、定義

美國全國自閉症兒童協會（National Society for Autistic Children）認為自閉症有嚴重溝通上的障礙，似乎在很早期即有認知及知覺功能的損傷而致使他在理解能力、溝通學習及社會參與上的限制（Fallen & McGovern, 1978）。依我國教育部（民101）所公布的《身心障礙及資賦優異學生鑑定辦法》中的規定：自閉症係指因神經心理功能異常而顯現出溝通、社會互動、行為及興趣表現上有嚴重問題，致在學習及生活適應上有顯著困難者。前項所定自閉症，其鑑定基準依下列各款規定：

1.顯著社會互動及溝通困難。
2.表現出固定而有限之行為模式及興趣。

自閉症的出現率為每一萬人中有五至十名，男女患者的比例約為5：1（鄒開鳳，民86）。

二、診斷

(一)國際疾病分類標準

依現今全世界通用的「國際疾病分類」（International Classification of Diseases and Injuries, ICD）標準，自閉症診斷要同時滿足下列A、B、C三

準則（WHO, 1993；引自宋維村，民89）：

A.三歲前出現下列三項中至少一項功能之發展異常或障礙：

1.社交溝通情境之理解性或表達性語言。

2.選擇性社交依附或社會互動。

3.功能性或象徵性遊戲（DSM-IV則為象徵性或想像性遊戲）。

> 註：DSM-IV為*Diagnostic and Statistical Manual of Mental Disorders*（4th ed.）之簡寫，為美國精神醫學會（American Psychiatric Association）於1994年出版的《心理疾病的診斷與統計手冊》（第四版）。

B.下列1.、2.、3.合計至少六項，其中1.至少兩項，2.和3.各至少一項：

1.社會互動之障礙：

(1)不會適當使用注視、臉部表情、姿勢等肢體語言以調整社會互動。

(2)未能和同儕分享喜好的事物、活動、情緒等有關的同儕關係。

(3)缺乏社會情緒的交互關係，而表現出對別人情緒的不當反應，或不會依社會情緒而調整行為，或不能適當的整合社會、情緒與溝通行為。

(4)缺乏分享別人的或與人分享自己的快樂。

2.溝通方面的障礙：

(1)語言發展遲滯或沒有口語，也沒有用非口語的姿勢表情來輔助溝通之企圖。

(2)不會發動或維持一來一往的交換溝通訊息。

(3)固定、反覆或特異的方式使用語言。

(4)缺乏自發性裝扮的遊戲或社會性模仿遊戲。

3.狹窄、反覆、固定僵化的行為、興趣和活動：

(1)執著於反覆狹窄的興趣。

(2)強迫式的執著於非功能性的常規或儀式。

(3)常同性的動作。

(4)對物品的部分或玩具無功能成分的執著。

C.不是有續發社會情緒問題的接受性語言障礙、依附障礙，有情緒行為問題的智能不足、精神分裂症、雷特症等（DSM-IV則只排除雷特症和其他兒童期崩解症）。

(二)特殊類型

以上所描述的是診斷典型自閉症的充分必要條件，但其他的精神疾病有自閉症的部分特徵，或者和典型自閉症略有不同之處，但都有廣泛的人際互動和溝通障礙，這群疾病和自閉症都屬於廣泛發展障礙症，以下則介紹特殊的兩類（宋維村，民89）：

◆雷特症候群（Rett's Disorder）

這是一種絕大部分發生於女童，以痴呆、自閉現象、痙攣、小頭和喪失有目的的手部動作為主要特徵的症候群。典型的個案出生後之前五個月有正常或近乎正常的早期發展，在五至三十個月之間發病退化，喪失全部習得的手部和語言技巧，同時在五至四十八個月之間開始頭部生長減緩而成小頭。喪失有目的的手部動作，代之以固定反覆的手部動作（如搓手、扭衣角）及過度換氣（深呼吸）是其特徵。社交及遊戲的發展停滯，但仍有視線接觸，有些病人後來社會互動會進步。在兒童中期常發展

出協調不佳、步態不穩,且合併有駝背或脊柱側彎,有時會有舞蹈徐動症狀。病人都會有嚴重的智能障礙,在兒童期早期或中期也常出現癲癇痙攣。與自閉症不同的是,少見嚴重的自我傷害及複雜的重複性偏好或常規的同一性行為,此症主要的症狀是愈來愈嚴重的運動功能退化和智能退化。

◆亞斯伯格症候群(Asperger's Disorder)

1944年亞斯伯格在德國報告和自閉症非常相似的症候群,不同的是病童先會講話後會走路(自閉症則語言發展嚴重落後),且語言近乎正常。此外,二者在人際關係及同一性特徵幾乎完全一致。有部分學者至今仍認為亞斯伯格症是高功能自閉症中很特殊的一群,而不需單獨分類。這類兒童通常無顯著的語言或認知發展遲滯,但社交互動障礙及侷限、重複及同一性行為、興趣及活動則與自閉症相同。病人可能有與自閉症類似的溝通問題(語用缺陷),但沒有顯著的語言遲滯和文法上的缺陷。大多數個案一般智能正常,但動作常顯得笨拙。這個症候群主要發生於男童。此種異常多半會持續至少年期及成人期,而成為一種特殊人格,且其攻擊行為的出現率較自閉症患者為高。

三、原因

自閉症的原因至今仍不明,且爭論很多,在學者所提出的原因論中,大致可區分為下列三類(盧淑貞,民73):

(一)養育論（nurture）

　　認為形成自閉症的原因多半是由於父母所造成的，諸如父母對子女缺乏溫暖、父母的人格障礙、父母親有攻擊性、不負責、沒有感情及冷酷。Sun、Allison、Auyeung、Baron-Cohen與Brayne（2013）研究發現，自閉症兒童的父母面臨經濟的問題，無法滿足自閉症兒童療育需求，如此將使自閉症的症狀持續，甚至更嚴重。在持養育論的學者中，均認為自閉症在生理上都是正常的，因此如果他們能接受有效的治療，均可發揮正常的智力、語言社會發展潛力。美國全國自閉症兒童協會認為自閉症有嚴重溝通上的障礙，似乎在很早期即有認知及知覺功能的損傷而致使他在理解能力、溝通學習及社會關係的參與上的限制（Fallen & McGovern, 1978）。

(二)天生論（nature）

　　將造成自閉症的親子關係排除，而認為自閉症是生理上的缺陷。持此一論調者，大概有下列看法：

1. 為一種精神系統的功能毀壞，致使知覺、動作、認知及語言的發展不良。
2. 主張感覺、知覺輸入的障礙及感覺輸出的障礙為自閉症的基本障礙。
3. 認為是腦的新陳代謝失常所致。
4. 認為認知、語言障礙為自閉症的根本障礙，此障礙和腦的機能、機體異常有直接關係。

(三)多因論

認為導致自閉症的原因可能不只一種，這也是最近的研究趨勢。這些學者認為孩子一出生時就非常脆弱——這是一出生就呈現生病的前兆，當這因素再與環境中的某些因素相結合，便導致自閉症。

四、身心特質

自閉症兒童通常具有下列之身心特質：

(一)人際關係的障礙

Christensen-Sandfort與Whinnery（2013）指出自閉症學童人際交流技能障礙是常見的狀況。其主要症狀說明如下：

1.拒絕被抱，或被抱沒有愉快的感覺。
2.逃避他人的視線，目光不與人接觸。
3.被叫喚絲毫沒有反應，態度冷漠。
4.和養育者或家人形同陌路的關係，例如在與父母建立依附關係及與其他家人建立人際關係方面有明顯缺陷。
5.脫離人群而有固執傾向。
6.與人接觸時，只是一種儀式性的反覆動作，並不像正常兒童那樣具有感情，而且也不怕陌生人或陌生的環境。
7.不瞭解社會規範，也無意學習社會規範。

(二)語言及溝通的障礙

Andersson、Gillberg與Miniscalco（2013）研究指出，自閉症女孩比男孩有更多的溝通問題。李淑娥（民89）認為自閉症兒童的語言及溝通具有下列之特點：

1. 語言理解困難：自閉症兒童常以語言表面的詞句意思去瞭解一句話，而不能體會抽象的意義，譬如我們常說的「流血不如流汗」，他就只能理解「流血」和「流汗」，想不透其中隱含的關係，像這種抽象的意義對他們是極困難的，所以他們聽話都只是聽表面的意思。

2. 仿說能力很強：有時是立即的仿說，有時是過些時候的延宕仿說，例如，問他「你叫什麼名字？」他不會回答：「我叫○○○。」而以仿說的情形又說：「你叫什麼名字？」或只說「名字？」此種仿說又可稱為鸚鵡式語言。

3. 語彙缺乏：自閉症兒童通常都是使用具體的語彙，如名詞（東西、人物的名稱）、動詞（動作的名稱）、我要吃××、我要買××等等，這些是比較容易學的，但是對形容詞、副詞、虛詞等抽象的用字就很難理解，像很高興、悲傷、因為、所以、雖然等，這些都很難學會或發展出來。

4. 語法不成熟：自閉症兒童有些有不少的詞彙，但把詞彙組合起來使用的能力就很差，通常使用的都是簡單句或命令句，如「我要做××」、「去買××」；少用疑問句或因果關係的表達語句，如「我可不可以？」、「你如果××就會××」等複雜句，他們很少理解或使用。

5. 系統敘述的能力差：有些高功能的自閉症兒童雖已有表達或轉述一

些事情的能力，但仍很難把整個事件做詳細而有系統的敘述，通常是要別人問一句，他答一句，自己無法有結構的敘述或組織一個故事。

(三)身體及動作特質

自閉症兒童在日常生活中的身體及動作特質，常出現下列之特殊狀況：

1. 自傷行為：如打自己的頭、用頭撞牆、啃手指頭等。
2. 過動傾向：可能極端的過動，有時可連續跳躍很久而沒有疲累的感覺。
3. 固執性（或同一性）行為：例如只玩一種玩具或固定吃某一類食物、固定走某一條回家的路等。對事物順序的改變會有激烈反抗，會堅持物品保持一定的位置、排序等固著表現，拒絕變化。Andersson、Gillberg與Miniscalco（2013）研究指出，自閉症男孩比女孩有更多不斷重複的行為。
4. 自我刺激行為：如每天都會搖動身體、旋轉身體、擺動手臂、轉頭等，每人表現的方式有個別差異。
5. 感覺異常：如眼睛不看人，迴避與人視線接觸。對光、痛或聲音等感覺刺激，常不太反應或過度反應。
6. 以手（姿）勢表達需求：有需求時，如喝水、吃糖果以手勢表示，不太喜歡說話。
7. 莫名其妙的笑：自己在玩或沉思時，莫名其妙的笑出來（發出聲或不發出聲）。

(四)智能與認知特質

自閉症兒童在智能與認知發展方面,異於一般兒童,說明如下:

1. 智力程度不一:自閉症兒童有20%可有正常智力,80%則出現智能不足的現象(汪麗真,民83)。但宋維村(民72)提及自閉症與智能不足的差異在於後者的缺陷是智能的各個面向都低落,不像自閉症仍可能保留某些「智慧的火花」,這保留下來的能力往往達到極優秀的程度。此外,分析自閉症患者魏氏智力測驗的資料並與其他診斷的兒童比較,發現自閉症患者在語文測驗之記憶分測驗得分不比其他診斷者差,甚至更高,可是在理解分測驗,自閉症兒童就比其他兒童差很多(宋維村,民89)。

2. 認知缺陷:例如在記憶、視動、拼圖、抽象、符號、理解等認知能力常有缺陷,而且對學得的事物缺乏類化應用的能力。

3. 不怕危險:對一些危險的事情,如火、玻璃、高低差大的台階、蛇等不會感到害怕。

4. 操作智商常優於語文智商:就大部分自閉症患者而言,其操作智商常優於語文智商(宋維村,民89)。

(五)情緒特質

自閉症兒童偶爾會因外在不當刺激,而造成焦慮,甚至於憤怒的情緒,常出現有原因或無原因的尖叫、亂踢、亂咬、哭鬧等激烈的情緒反應。

(六)學習特質

自閉症兒童在學習上常表現出下列的特質：

1.缺乏主動學習的精神：自閉症兒童普遍學習意願不高，自發性行為缺乏，因此無法自動學習。

2.類化困難：所學知識不易主動應用於日常生活中。宋維村（民89）即認為類化困難是自閉症教學最大的問題之一。

3.抗拒改變：經常拘泥於同一形式或同一狀態，以至於對教學上的各種變化產生抗拒與排斥，造成學習上的困難。

4.挫折感：自閉症兒童在面對難度較高或新的問題無法達成時，產生高度挫折感，此時常會以生氣、尖叫等方式來面對挫折，較少用其他有效的策略。

5.分心：自閉症兒童常有注意力方面的問題，包括注意時間短暫，易被其他刺激吸引而轉移注意力。

6.視覺學習優於聽覺學習：大多數自閉症兒童的視覺學習優於聽覺學習，例如有些自閉症兒童還不會叫爸爸媽媽卻會認字，會背課文，但卻不知道課文的意思，這表示記憶力很好，可是理解力差（宋維村，民89）。

(七)特殊才能

少數自閉症兒童顯現特殊才能，根據Karnes、Shaunessy與Bisland（2004）的研究發現，自閉症是所有障礙類別中，最多又出現資賦優異者，成為雙重的特殊學生，占自閉症總樣本的3.3%，至於資優的特質則出現在一般智能、學術、創造力與藝術。

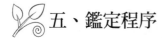五、鑑定程序

自閉症兒童如果沒有經過正確鑑定，常被當作智能障礙、聽覺障礙來看待，不但埋沒了他們的潛能，且用錯誤的方式來教導，影響身心發展甚巨，故應重視鑑定工作。自閉症兒童的鑑定，在步驟方面至少應包括：發現、篩選和鑑定三階段。說明如下（參考自張正芬，民88）：

(一)發現階段

自閉症兒童的症狀最晚在三歲以前出現。父母或主要照顧者最遲在三、四歲階段便會因明顯的異常而到醫院求診，而大部分的自閉症兒童在入小學前就已經診斷確定。由於自閉症屬於能早期發現的類型，若能接受早期療育，其效果更佳。早期發現的指標如溝通、社會性、行為模式和興趣，以及其他方面（如缺乏動機、模仿能力低、感官知覺過度敏感或鈍感的現象……）。當父母、保育人員、幼教教師於日常生活觀察中，發現幼兒有上述行為中的數項時，應至教學醫院接受鑑定，或年齡在三歲（註：民國102年《特殊教育法》修正時改為二歲以上可接受特殊教育）以上時，可至縣市鑑定安置輔導委員會申請鑑定。學齡階段兒童，老師應向學校鑑定小組提出鑑定的申請。

(二)篩選階段

篩選階段主要在過濾疑似自閉症兒童，以便進行進一步的鑑定工作。此階段可由醫生或學校鑑定小組實施簡易的篩選性工具，如克氏行為量表或自閉症兒童篩選量表，進行篩選工作。篩選階段為疑似自閉症者，應進一步至醫院接受鑑定或透過學校向縣市鑑輔會提出鑑定申請。

(三)鑑定階段

已經鑑定確定或領有自閉症身心障礙者手冊（註：自民國101年7月11日以後，依《身心障礙權益保障法》規定，改為領有自閉症身心障礙證明者）而無疑義者，可不需再實施鑑定，直接進行能力評量，並視需要進行相關專業服務需求的評估。未鑑定確定或雖領有身心障礙者手冊，但非自閉症類或雖已鑑定確定但有疑義者，鑑輔會應安排適當的心理評量教師進行評量，或安排至適當的醫院鑑定，以確定是否為自閉症兒童。

六、教育安置

宋維村（民81）在《自閉症兒童輔導手冊》一書中指出，學齡前經過矯治的自閉症兒童，有20％可以到普通班就讀，但仍然需要額外的協助，另有30％自閉症兒童其學習能力無法適應普通班學習，但可以在輕度智能障礙班就讀，其餘50％的自閉症兒童則必須安置在自閉症特殊班或其他教養機構就讀，安置在特殊班或其他教養機構的教育矯治目標，以自我照顧及促進個人生存能力為主。自閉症兒童的安置方式大致上可分下列兩類：

(一)普通班

基於融合教育的觀點，自閉症兒童以在一般學校的普通班就讀為主，在普通班就讀可能需要補救教學及巡迴輔導兩個配套措施，才能夠滿足其特殊需要。

◆補救教學

級任老師根據學生在學科學習、語言及社會行為提出輔導計畫，並作補救教學。

◆巡迴輔導

由教育行政主管單位召集相關專家學者、特教老師至學校為學童作巡迴輔導。巡迴輔導教師的工作重點，是在協助普通班教師認識自閉症兒童的學習特性及特殊需要，以提供有利的學習環境，幫助自閉症兒童適應學校生活（黃素珍，民87）。巡迴輔導的方式可分為下列五種：

1. 個別輔導：巡迴輔導教師選擇適當的教學活動和教材，到各校進行一對一的個別輔導。
2. 參與教學：對於上課適應困難、常大叫、發出怪聲或到處走動，造成教師及同學困擾的自閉症學生，則由巡迴輔導教師介入普通班的教學活動，其目的為：
   (1)協助普通班教師進行班級教學活動。
   (2)輔導自閉症學生正確的學習態度與情緒反應。
3. 小組輔導：對於有嚴重情緒障礙的兒童，每星期與級任老師、特教組長（或輔導組長）、家長，進行小組討論，提供輔導策略，檢討輔導成效。
4. 團體輔導：自閉症學生由於在社會適應和人際溝通上有顯著發展障礙，因此，輔導增進其遵守團體規範的能力，實為重要課題。而活動方式也因年級的差異而有不同的安排。
5. 諮商輔導：提供輔導策略，協助普通班教師及家長，給予正確的輔導態度與方法。

(二)資源班

即學童平時在普通班上課，每週再到資源班接受資源老師個別教導，教導的內容含課業輔導、語言輔導、社會行為輔導，以及其他行為治療等。

此外，由於自閉症學童人數不多，無法成立專屬的特殊學校或特殊班，故常依附在其他障礙類型的特殊學校（如啟智、啟聰）、特殊班（如啟智班）、有學籍的機構（社會福利、醫療）特教班、有學籍的機構（社會福利）接受養護訓練或在家教育。

參考書目

李淑娥（民89）。〈自閉症的語言特質及訓練〉。《台北市自閉症教育協進會會訊》，期10，頁2-3。

汪麗真（民83）。《自閉症兒童母親教養壓力、親職角色適應與教養服務需求之研究》。中國文化大學兒童福利研究所碩士論文。

宋維村（民72）。〈自閉症患者的成長過程〉。《特殊教育季刊》，期11，頁5-9。

宋維村（民81）。《自閉症兒童輔導手冊》。教育部第二次特殊兒童普查工作執行小組發行。

宋維村（民89）。《自閉症學生輔導手冊》。教育部特殊教育小組主編。國立台南師範學院印製。

張正芬（民88）。〈自閉症學生鑑定原則鑑定基準說明〉。載於張蓓莉主編，《身心障礙及資賦優異學生鑑定原則鑑定基準說明手冊》，頁109-120。

教育部（民101）。《身心障礙及資賦優異學生鑑定辦法》。

黃素珍（民87）。〈自閉症兒童巡迴輔導教學實務〉。《國小特殊教育》，期24，頁38-44。

鄒開鳳（民86）。〈認識自閉症系列〉。《台北市自閉症教育協進會會訊》，期2。

盧淑貞（民73）。〈自閉症的理論探討〉。《心炬》，期10，頁51-60。中國文化大學青少年兒童福利系。

Andersson, G. W., Gillberg, C., & Miniscalco, C. (2013). Pre-school children with suspected autism spectrum disorders: Do girls and boys have the same profiles? *Research in Developmental Disabilities, 34*(1), 413-422.

Christensen-Sandfort, R. J., & Whinnery, S. B. (2013). Impact of milieu teaching on communication skills of young children with autism spectrum disorder. *Topics in Early Childhood Special Education, 32*(4), 211-222.

Fallen, N. H. & McGovern, J. E. (1978). *Young Children With Special Needs*. Ohio: A Bell & Howell Company.

Karnes, F. A., Shaunessy, E., & Bisland, A. (2004). Gifted students with disabilities: Are we finding them? *Gifted Child Today, 27*(4), 16-21.

Sun, X., Allison, C., Auyeung, B., Baron-Cohen, S., & Brayne, C. (2013). A review of healthcare service and education provision of autism spectrum condition in mainland China. *Research in Developmental Disabilities, 34*(1), 469-479.

Chapter *12*

發展遲緩幼兒

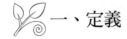一、定義

　　根據《身心障礙及資賦優異學生鑑定辦法》第十三條對發展遲緩幼兒所下的定義為：未滿六歲之兒童，因生理、心理或社會環境因素，在知覺、認知、動作、溝通、社會情緒或自理能力等方面之發展較同年齡者顯著遲緩，且其障礙類別無法確定者；其鑑定依兒童發展及養育環境評估等資料，綜合研判之（教育部，民101）。具體言之，上述各類發展有部分或全面成熟速度延緩或異常的情形，以至於影響生活適應及學習成效之學齡前兒童均屬之。

二、原因及預防

(一)原因

　　發展遲緩幼兒造成的原因大致可分為先天及後天的因素。說明如下：

1. 遺傳：基因或染色體的異常可能會造成胎兒、嬰兒發展遲緩現象。
2. 胎兒酒精症候群（Fetal Alcohol Syndrome, FAS）：指婦女在懷孕時期經常或大量的飲酒，所造成的胎兒缺陷。在工業化國家，胎兒酒精症候群被公認是導致胎兒缺陷與嬰幼兒發展遲緩的主要原因之一，發生率是每一千名胎兒中有一至三名（陳明哲，民90）。
3. 早產兒：可能因為腦部受損而造成發育遲緩（彭純芝，民90）。
4. 高齡產婦：由於高齡產婦較易發生高血壓、糖尿病或妊娠毒血症等併發症，因此所生胎兒較易發生染色體異常、先天性畸形、生長停

滯等現象，因而造成發展遲緩幼兒增加的可能性（伊甸基金會，民88）。

5.中樞神經系統感染：例如急性或慢性腦脊髓膜炎或腦炎，以致造成身心發展遲滯。

6.頭部外傷或出血：例如腦室內出血，常發生於早產兒，是早產兒腦部出血最常見的一種；嬰兒搖晃過烈引起的蜘蛛膜下出血等。

7.缺氧－缺血性傷害：腦部缺氧及缺血時，可能會導致神經細胞選擇性壞死及囊腫變化等現象（萬育維，民83），例如早產兒的腦室周圍白質軟化。

8.藥物或毒素：母親在懷孕過程服用藥物，傷及胎兒中樞神經，導致身心發展遲緩。

9.心理社會環境：環境刺激缺乏、受虐疏忽兒、家庭功能障礙、親子問題、婚姻問題、親職技巧問題、家庭暴力等。

此外，Shoukier等人（2013）研究發現，除了先天與後天因素外，發展遲緩幼兒有時產生的原因不明。

(二)預防

預防發展遲緩幼兒的產生，應注意下列事項（伊甸基金會，民88）：

1.確實做好男女雙方婚前、孕前健康檢查。

2.注意男女雙方家族中是否有遺傳性疾病、基因異常、精神異常或智能不足成員。

3.不嗜菸、酒、毒品，不長期服用藥物，懷孕期間忌服任何藥物。

4.保持身體健康，有效控制慢性疾病。

5.維持標準體重，不過重或過輕。

6.懷孕前四個月接種德國麻疹疫苗。

7.不暴露在鉛、汞、輻射等高汙染環境中。

8.維持單純的性關係，避免感染性病與人工流產。

9.避免低齡（二十歲以下）或高齡（三十五歲以上）懷孕。

10.每次懷孕都確實做好產前檢查，若有早產、子宮外孕、多次自發性流產，或不明原因胎死腹中與新生兒死亡的紀錄，需請教醫師，尋求協助。

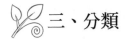

三、分類

臨床上，可將發展遲緩分為八大類（參考于義正，民89）：

1.心智運動發展遲緩。

2.智能障礙：經智力測驗結果智商低於同年齡平均以下負二標準差，且有生活適應上之困難者。

3.運動障礙（俗稱腦性麻痺）：手腳動作不靈活或無力。

4.語言發展遲緩：構音不正常（咬字不清楚）、語言或言語表達出現障礙。

5.行為異常：如注意力不集中、過動、自閉症。

6.視覺障礙：斜視、近視、弱視等。

7.聽覺障礙：聽力有缺失或完全喪失。

8.感覺統合失調：原因未明，可能是母親懷孕期運動不足、早產、母親用藥不當，或嬰幼兒發展過程中，欠缺從活動中尋找感覺經驗的機會等，以觸覺障礙、神經抑制困難、大腦分化或前庭反應失常等表現出感覺統合異常。

以上各種發展遲緩（或障礙）有時是單一存在，有時是合併好幾類（如嚴重的腦性麻痺常合併有心智障礙、語言、肢體等多重障礙），所以在評估時，需要一個全面而整體的評估。

 ## 四、發展遲緩幼兒的身心特質

　　發展遲緩幼兒的身心特質說明如下（參考有愛無礙網站，民91；台北市教育局，民91）：

1. 身體病弱：除了先天或後天性的障礙程度影響幼兒的學習狀況之外，有些幼兒也經常伴隨著其他疾病，甚至需依賴長時間的藥物控制，例如先天性心臟病、癲癇等。

2. 語言表達、溝通能力較差：語言能力包括接受性與表達性語言，如果再加上環境的限制，使幼兒的語言刺激較少，則幼兒所表現的語言能力將會更顯落後。例如四、五歲的幼兒仍然只用「水」、「飯」等單字，代表喝水、吃飯的意思；或是聽話之後無法做出正確的反應。

3. 社會與情緒行為發展較為緩慢：有的幼兒對「所有權」的認知發展較晚，而出現搶奪行為；或是無法瞭解他人的要求，出現反抗、不理會，也無法遵從社會的規範。大部分的幼兒進入學前班、幼兒園就讀時，常會忽略與同儕或老師之間的互動，因而失去建立良好人際互動關係的機會。

4. 注意力：有的幼兒無法集中注意力在應該注意的對象，或是注意到目標但是維持不了多久；有時卻付出較多的注意力。有時無法專注在遊戲的活動之中，很難坐好或是爬上爬下坐立不安。

5.同時伴隨各種學習障礙：學習的遷移能力較差，例如學習車子，但是無法瞭解火車也是車子的一種。

6.動作發展遲緩：有的嬰幼兒協調、平衡和動作控制能力較差，例如同年齡的幼兒大都已可以行走時，他卻無法行走，或是經常撞倒物品、跌倒等。

7.環境認識障礙：有的幼兒無法分辨情境，特別是危險情境的辨識；容易發生意外。

五、鑑定程序

柯平順（民88）認為鑑定的程序應針對發展遲緩幼兒本身的特色與需求，掌握幼兒的現有能力狀況，蒐集各種相關資訊，藉以瞭解幼兒，選擇適當介入及療育模式，以協助幼兒順利發展。

1.鑑定的內容應包含：
   (1)認知領域。
   (2)動作技能。
   (3)語言與溝通技能。
   (4)遊戲與社會技能。
   (5)自理能力。
   (6)家庭特點。
   (7)家庭需要。
2.診斷過程應有家長參與。
3.運用多重評量蒐集多重資料：
   (1)直接測試：運用各種標準化測驗工具直接施測，例如：智力測驗、語言發展評量、粗細動作發展評量、感覺統合評量等。

(2)直接觀察：利用標準化測驗工具施測過程或教學訓練環境中對幼兒相關能力進行觀察。

(3)自然觀察：在自然生活情境下對幼兒行為觀察其表現。

(4)家長晤談：可取得幼兒在家庭中的相關表現。

(5)家長評估：由家長完成有關的量表或檢核表，再由專業人員作進一步的解析。

4.鑑定單位及程序：

(1)醫院：發展遲緩幼兒的鑑定通常在醫院實施，鑑定的單位包括兒童心智科、小兒科及復健科等，鑑定成員應是一個團隊，包括小兒科醫師、兒童心智科醫師、復健科醫師、心理師、語言治療師、物理治療師、社會工作師、職能治療師等等。

(2)轉介各縣市教育局（處）的特殊教育學生鑑定及就學輔導委員會（簡稱鑑輔會）。

(3)師範院校、教育大學特殊教育中心諮詢專線，洽詢學者意見。

 六、發展遲緩幼兒的輔導

(一)早期療育的定義

早期療育（early intervention），即早期介入，是為發展遲緩嬰幼兒及其家庭所提供的種種服務，如治療、特殊教育和社會福利等。依據《兒童及少年福利與權益保障法》第二十三條規定，縣（市）政府應建立發展遲緩兒童早期通報系統，並提供早期療育服務，根據《兒童及少年福利與權益保障法施行細則》第八條說明，所謂早期療育服務，係指由社會福利、衛生、教育等專業人員以團隊合作方式，依未滿六歲之發展遲緩兒

童及其家庭之個別需求，提供必要之治療、教育、諮詢、轉介、安置與其他服務及照顧。早期療育是對有特殊需求之嬰幼兒，提供早期發現、早期診斷，並對其特殊需求提供專業性醫療、復健、特教及福利服務。早期療育是針對學前階段（零至六歲）具特殊需求的幼兒及其家人所提供的服務，利用專業整合性服務，經由早期的醫療、復健或充實方案等措施以開發幼兒潛能，並減少併發症，培育幼兒健全的就學與生活適應能力（Bailey & Wolery, 1992；引自黃世鈺，民83；黃美涓，民86）。

(二)早期療育的重要性

梁素霞（民88）提及早期療育的重要性可分下列六點來說明：

1.增進其感官知覺、認知發展、語言及口語發展、肢體動作發展、社會適應及自理能力發展。
2.避免發生更嚴重的障礙情況。
3.降低生活壓力。
4.增進身心障礙兒童的就學率。
5.減低對社會福利的依賴與一直住在服務機構。
6.減低在求學期間需要特殊教育的服務或安置。

(三)早期療育的對象

根據台北市教育局（民91）所認定早期療育對象有下列三者：

1.發展遲緩幼兒及其家庭：早期療育的介入，可以激發幼兒的潛能，輔導幼兒的障礙，糾正幼兒異常的行為；同時可以協助家庭作必要的措施，如親職教育、居家護理、心理及行為輔導等。

2.經診斷其生理或心智狀況有極大可能會導致發展障礙之兒童及其家庭。

3.若未接受早期療育，可能會導致相當的發展障礙兒童及其家庭。

(四)早期療育內容

根據台北市教育局（民91）所提供的早期療育內容，可分為下列四個方面：

1.復健與治療：主要由醫院或相關心理輔導機構協助治療，包括相關醫療、行為心理治療、認知訓練、語言治療、職能治療、物理治療、家族治療。

2.居家教養諮詢：主要由醫院、各師範院校特殊教育中心及社會福利諮詢中心協助，包括：認知能力訓練、語言能力訓練、行為心理處理、感覺動作能力訓練、生活自理能力訓練。

3.特殊教育：依《特殊教育法》第十條規定，「學前教育階段：在醫院、家庭、幼稚園、托兒所、社會福利機構、特殊教育學校幼稚部或其他適當場所辦理。」

4.資源轉介：主要針對發展遲緩幼兒的特殊需要，作資源轉介，例如：需要裝配助聽器的幼兒，推介助聽器公司；需要裝義肢者，推介義肢裝配公司；需要作語言治療者，推介至醫院復健科。

此外，黃世鈺（民89）將早期介入的項目、內容與事項摘要如**表12-1**所示。

表12-1　早期介入的項目、內容與事項

項目	內容	事項
早期發現	篩檢	1.醫院健兒門診、定期接受各項發展篩檢。
		2.托兒所、幼稚園定期健康檢查或教師初查發現。
	鑑定	1.心智科接受心理衡鑑。
		2.縣市政府心理評量小組教育診斷。
	轉介	由個案管理與通報中心蒐集、彙整、登錄個案資料，進行轉介、追蹤、建立聯絡網。
早期治療	復健科	篩檢、評估異常或遲緩差距，找出癥結、整合團隊。
	物理治療	輔具（如輪椅、助聽器）需求、評估與使用指導。
	職能治療	精細動作與生活自理（吃飯、穿衣）的功能訓練。
	感覺統合	提供本體覺、觸覺、前庭覺活動、刺激主動探索動機。
	語言治療	依據幼兒各階段語言發展特徵，實施構音及溝通訓練。
早期教育	幼兒	安置於托兒所、幼稚園、特殊學校附設幼稚部、醫院或其他育幼機構；採集中式、融合式或資源式等型態，並提供各項相關服務與資訊。
	家長	以諮詢專線、親子教室、親職講座等方式定期、定時提供服務、交流資訊。並學習個別化居家指導技巧，透過遊戲，引導特殊幼兒邁向學習。

資料來源：黃世鈺，民89。

七、發展遲緩幼兒的處遇

　　若經鑑定後，發現幼兒為發展遲緩時，及早介入是治療發展遲緩的一個重大契機，而早期療育是最好的方式。根據歐美的研究顯示，三歲前一年的療育成果相當於三歲後十年的訓練，從出生至六歲的嬰幼兒，正值認知、動作、語言及人際關係等各方面發展的關鍵時期，最早的這幾年是奠定基礎的重要階段，因此若能在這段期間給予他們適當的刺激及訓練，就能促進他們良好的發展。以下就介紹發展遲緩幼兒的處遇方式：

1.至醫院接受療育，若經鑑定團隊鑑定需要至醫院接受療育時，醫院兒童心智科可以協助作認知與潛能開發，復健科可以做物理治療、語言治療、職能治療等，若有需要，其他各科亦可提供必要的協助。而醫院的社會服務部（室）亦可提供經濟、教育、諮詢方面的資源。

2.至幼兒園接受教育與保育，讓發展遲緩幼兒在學前機構的老師、保育員的輔導之下學習，激發潛能的發展。

3.若幼兒父母不在或經濟困難時，可至兒童啟能教養院（中心）接受長期療育，如此可讓發展遲緩幼兒接受教育與養護。

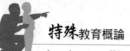
參考書目

參考書目

于義正（民89）。〈成長路上不再跌跌撞撞——關懷發展遲緩兒〉。《聯新醫訊》，卷7，期1。

台中榮民總醫院兒童醫學部（民91）。《兒童發展里程碑》。

台北市教育局（民91）。台北市特殊教育教學資源庫。網址：http://203.70.83.204/teachware/paper/

伊甸基金會（民88）。〈你知道你家的孩子可能是遲緩兒？〉。網址：http://www.eden.org.tw/kid/index.htm

有愛無礙網站（民91）。網址：http://www.dale.nhctc.edu.tw/

柯平順（民88）。〈發展遲緩學生鑑定原則鑑定基準說明〉。載於張蓓莉主編，《身心障礙及資賦優異學生鑑定原則鑑定基準說明手冊》。國立台灣師範大學特殊教育學系編印。

財團法人心路社會福利基金會（民91）。《發展遲緩幼兒指標》。

教育部（民101）。《身心障礙及資賦優異學生鑑定辦法》。

梁素霞（民88）。〈談「早期療育」〉。《仁愛天地》，期38，頁14-19。

陳明哲（民90）。〈孕婦喝酒，當心BABY智障及畸形〉。《嬰兒與母親月刊》，民國90年12月，頁84-88。

彭純芝（民90）。〈巴掌仙子的明天〉。《嬰兒與母親月刊》，民國90年11月，頁128-132。

黃世鈺（民83）。〈特殊兒童的早期教育〉。載於王文科主編，《特殊教育導論》。台北市：心理出版社。

黃世鈺（民89）。〈特殊幼兒的早期介入〉。《國語日報》，民國89年3月13日，13版。

黃美涓（民86）。復健醫學會86年度期中研討會。《復健新趨勢》，頁10-16。

萬育維（民83）。《我國早期療育制度規劃之研究》。內政部社會司。

Shoukier, M., Klein, N., Auber, B., Wickert, J., Schroder, J., Zoll, B., Burfeind, P., Bartels, I., Alsat, E. A., Lingen, M., Grzmil, P., Schulze, S., Keyser, J., Weise, D., Borchers, M., Hobbiebrunken, E., Robl, M., Gartner, J., Brockmann, K., & Zirn, B. (2013). Array CGH in patients with developmental delay or intellectual disability:

Are there phenotypic clues to pathogenic copy number variants? *Clinical Genetics,* *83*(1), 53-65.

多重障礙兒童

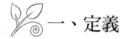一、定義

　　多重障礙不一定是指一個兒童同時具有兩種以上之障礙，根據《特殊教育》第三條第十款所稱多重障礙，指包括二種以上不具連帶關係且非源於同一原因造成之障礙而影響學習者（教育部，民101）。例如一位智能障礙兒童，在發生車禍以後，腿部需要截肢，又變成肢體障礙，如此兩種障礙非源自同一原因，即被鑑定為多重障礙。多重障礙鑑定之標準，由中央主管教育行政機關會商相關機關定之。

二、造成多重障礙的原因

　　依據主要障礙可簡單分為：以智障為主、以視障為主、以聽障為主、以肢障為主及其他某些顯著障礙（全國教師會選聘服務網，民97）。多重障礙成因可區分為（林宏熾，民89；闕月清，民97）：

(一)懷孕時期

　　1.染色體異常。
　　2.酒精或藥物中毒。
　　3.新陳代謝失調。
　　4.病菌或細菌感染。
　　5.母親嚴重營養不良。
　　6. RH血液因子不合症。

(二)生產時期

1.缺氧。

2.使用產鉗不當。

3.胎盤早期剝離、前置胎盤所引起的子宮出血。

4.母親休克、多胞胎。

(三)產後病變

1.新生兒過高疸紅素（核黃疸）。

2.腦部感染，如日本腦炎、腦膜炎、腮腺炎、麻疹、德國麻疹、水痘。

3.幼年時肌肉骨骼病變，如小兒股骨缺血性壞死（legg-calve-perthes disease）、幼年性風濕性關節炎。

4.肌肉骨骼病變，如進行性肌肉萎縮（progressive muscular）、成骨不全或骨質疏鬆（dystrophy osteogenesis imperfecta）。

5.骨髓感染，如骨髓炎（osteomyelitis）。

6.顱內腫瘤、骨性腫瘤。

7.腦部外傷，如車禍、跌傷所引起顱內或腦內出血、運動傷害。

8.其他，如注射不當、運動傷害、截肢。

三、身心特質

多重障礙通常是指伴隨兩類或兩類以上的障礙，而導致之嚴重學習問題，無法藉由單一的特殊教育而滿足其需求者。多重障礙之鑑定，須符

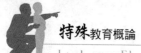
合各單類障礙之鑑定標準，也就是說：同時具有兩類以上生理功能的障礙，這些障礙各有其病因，並不是因為障礙間的因果關係而造成的（台灣大學資源教室，民97）。多重障礙既是生理、心理、智能或感官上兩種或兩種以上的障礙，所以很難對多重障礙有一致性的描述。但其較不會正確表達自己的需要、經常用肢體動作來傳達自己的需求、自我控制力差、情緒激動時會有自傷的行為（彰化縣成功國中資訊網，民97）。

多重障礙兒童的障礙，不是兩種障礙相加的總和，而是相乘的結果。因此，彼此之間的差距性遠大於共同性，多重障礙兒童主要身心特徵說明如下（林宏熾，民92；林美修，民94；鄭光明，民94；謝玉姿，民94）：

(一)智力

大多數的多重障礙兒童在智力上有障礙。

(二)社會情緒特徵

多重障礙兒童的社會行為，可分為不適應行為與不適當行為。不適應的反應，例如遇到陌生人會興奮尖叫、表現熱情、主動與別人握手或擁抱陌生人，但有些則表現退縮、對別人的招呼沒有反應，甚至沒有察覺環境中別人的存在；不適當行為包括自傷行為、刻板行為。

(三)健康狀態不良

多重障礙兒童具有高度的異質性，其健康程度也有很大的差異，雖然有些多重障礙的兒童健康狀態良好，但和正常兒童相較之下，大多顯示出嚴重的心臟、呼吸、飲食、消化及其他症候群等健康上的問題。

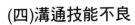
(四)溝通技能不良

大多數的多重障礙兒童無法表達自己的需要，也較難瞭解他人，多重障礙兒童在溝通技能上有這些障礙，因而影響他獨立生活適應與人際之間的關係。

(五)固著行為

多重障礙學童會有固著行為，包括過度的擺動身體、搖晃頭部、含手指、不斷擺動手部或手指、玩口水、吃食異物、反芻、怪異行為等，這樣的行為深深的影響他們的學習和與同儕的互動。

(六)生理與動作發展上的障礙

大部分重度障礙的兒童因肢體畸形或因沒持續物理治療而惡化，行動因而受到限制，有的不能走，有的不能坐，有的不能站起來，部分的動作表現遲緩。

(七)自我協助的技能缺陷

多重障礙缺乏自我協助的能力，無法獨自處理日常生活中的各種需要，如：穿衣、飲食、大小便和維持個人的衛生。

(八)不常與人互動

多重障礙兒童不像一般正常兒童會與成年人互動，也不會主動地去尋求周圍的各種訊息。事實上，多重障礙兒童所帶來的限制，使這些兒童

有時幾乎與外界隔離，少與正常同儕互動，很難獲得環境中的訊息。

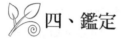 四、鑑定

多重障礙兒童的鑑定內容，可分為幾方面加以說明（多重障礙鑑定流程資訊網，民97）：

(一)一般醫療檢查

一般身體檢查、藥物治療史檢查、詳細健康檢查、完整物理醫學檢查、生理發展史檢查、神經與肌肉之內外科治療史檢查、反射功能與狀況檢查、兒童輔具器材檢查、建議與附加檢查等等。

(二)治療評量

物理治療評量、職能治療評量、語言治療評量。

(三)教育評量

智力、成就、性向等測驗、知覺－動作技能測驗、溝通技能測驗、社會情感發展測驗、適應行為測驗、職業輔導評量。

(四)護理評量

家庭健康問題評估、藥物治療評估、防疫紀錄評估、衛生護理需求評估等。

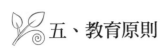

五、教育原則

大多數的多重障礙學生（如腦性麻痺）在認知能力或精細動作有困難，在使用口語模式有困難。因此，教學時必須注意以下的五個原則（國立教育資料館，民97）：

(一)選擇適合的溝通模式

每一位多重障礙兒童可能有不同的溝通模式，故教師宜針對不同兒童的不同溝通需求給予滿足。

(二)依學生個別需求訂定教學目標

每一位多重障礙兒童都有個別差異，在學習上也有不同的需求，所以教師宜針對個別兒童的狀況，訂定教學目標。

(三)適性教育

選擇符合其生活經驗的教材，並在實際的生活情境中進行，讓兒童能更具體的學習，與生活做一結合。

(四)共同參與教學

為了讓多重障礙兒童學習更具效率，教師、專業人員（如物理治療師、語言治療師、職能治療師等）與家長應常召開個別化教育計畫（IEP）會議，達成共識，共同進行教學。

(五)加強溝通輔具的配合運用

如簡易溝通板、標示牌、微電腦語言溝通板等溝通輔具應用在教學上，以增進教學效果。

六、多重障礙兒童特殊教育需求

根據安蘭桂（民94）的研究指出，多重障礙兒童對於輔具需求最高，但在教育器材尚嫌不足。陳奇磊（民96）使用自編的電腦模擬軟體，學生在接受電腦情境式模擬溝通教學後，發現實用數學課情境的口語溝通百分比、下課情境的口語溝通百分比、休閒教育課情境的口語溝通百分比等均有立即提升的效果，且效果可以維持。裘素菊（民93）亦表示，電腦輔助教學對兒童在實用語文－圖像、聲音、文字之習得及人際溝通互動均有顯著成效，此外還能引起學童高度的學習動機與興趣。科技輔具不僅可以補償身心障礙兒童失去的能力，還能大幅提升他們殘存或較為不足的能力（吳雅萍，民92）。

由以上文獻可知，多重障礙兒童的特殊教育需求包括：各種輔具、電腦軟體、電腦輔助教學等。

七、教育安置

目前六至十五歲學齡階段多重障礙兒童的教育安置仍以特殊學校、在家巡迴教育及醫院教學為主。說明如下：

(一)教育安置的方式

◆特殊學校

此種安置模式又分通學制與住宿制兩種，多重障礙學生在此一特定的學校環境中，由特殊教育老師及相關專業人員提供專業服務，不過僅適合重度或極重度多重障礙的學生。

◆在家教育

對於少數因生理障礙、身體病弱或機能損傷而需在家休養的多重障礙學生，由學校或教育當局派遣特殊教育老師或相關人員至學生家中進行特殊教育與服務的一種方式。在家教育的優點除了家長是積極的照顧者能共同分工照顧、能建立與學童溝通互動的方式外，巡迴輔導教師提供教學及輔具給予很大的幫助；但缺點為學童生活完全以家庭為中心，缺少與同儕接觸的機會；且家庭經濟狀況不同，對學童的照顧層面因而有別、輔導人員不固定、輔導人員因須兼行政工作無法專職專用（張秀媛，民94、林鳳芳，民95）。

◆醫院教學

對於少數因生理障礙、身體病弱或機能損傷而需住院治療的多重障礙學生，由學校或教育當局派遣特殊教育老師或相關人員至醫院進行特殊教育與服務的一種方式。其優點乃對學生的病情及醫療較能掌握；缺點是除了無法與同儕相處外，醫院是更大的感染源，可能導致其他疾病的產生。

(二)教育安置的趨勢

現在及未來對多重障礙學生的安置趨勢,將會朝著不同的方式做安排,說明如下:

◆普通班

多重障礙學生完全回歸普通班進行學習活動,由普通班教師擔任所有教學活動,普通班老師接受特殊教育課程訓練,或向特殊教育專家相關學者諮詢並請求協助及支援。當然,最重要的是普通班的老師要完全的接納多重障礙學生,讓學生能在最有利的情境下學習。

◆普通班附設巡迴輔導

多重障礙學生安置普通班進行回歸融合學習活動,並由巡迴輔導教師或專業人員在教學當中,提供必要的學習協助。

◆資源教室

多重障礙學生大部分時間在普通班,由普通班老師進行回歸融合學習活動,少部分時間在資源班,由特殊教育或專業人員提供特殊教育之服務。

◆機構教育

國內多數幼兒園仍缺乏特殊教育師資與相關輔助設施,因此多重障礙幼兒多被安置於教養機構接受特殊教育服務(李素娟,民92)。陳慶章(民90)表示,家長對多重障礙兒未來的安置需求,多數傾向由機構來收容。因此,對教養機構的相關人員(如保育員)的在職教育就顯得格外重要。

參考書目

全國教師會選聘服務網（民97）。民國97年1月8日，網址：http://forum.nta.org.tw/examservice/index.php

多重障礙鑑定流程資訊網（民97）。民國97年1月2日，網址：http://w3.nioerar.edu.tw/longlife/newsite/body/body02-2.htm#a2

安蘭桂（民94）。《早期療育機構中輔具需求之現況調查研究》。私立樹德科技大學幼兒保育學系碩士論文。

吳雅萍（民92）。《極重度多重障礙學生運用輔助性科技之個案研究》。國立彰化師範大學特殊教育學系碩士論文。

李素娟（民92）。《功能性評量對多重障礙幼兒問題行為處理成效之研究》。國立台東大學教育研究所碩士論文。

林宏熾（民89）。《多重障礙學生輔導手冊》。教育部特殊教育小組主編。國立台南師範學院印製。

林宏熾（民92）。《身心障礙者生涯發展與轉銜服務》。桃園縣政府轉銜服務講習資料。

林美修（民94）。《重度與多重障礙兒童在融合式適應體育教學中的社會互動》。國立台北教育大學特殊教育學系碩士論文。

林鳳芳（民95）。《在家教育身心障礙學童生活世界與教育介入之研究——以三位彰化縣學童為例》。私立南華大學生死學碩士論文。

國立教育資料館（民97）。民國97年1月10日，網址：http://3d.nioerar.edu.tw/2d/special/lesson/lesson_0208.

張秀媛（民94）。《屏東縣在家教育學童家長親職壓力之研究》。國立屏東師範學院教育行政碩士論文。

教育部（民101）。《身心障礙及資賦優異學生鑑定辦法》。

陳奇磊（民96）。《電腦情境式模擬溝通教學對國小重度多重障礙兒童口語溝通能力成效之研究》。國立台中教育大學特殊教育與輔助科技碩士論文。

陳慶章（民90）。《身心障礙教養機構印象之研究》。國立中山大學中山學術研究所碩士論文。

裴素菊（民93）。《電腦輔助教學對國小中重度智能障礙兒童實用語文合作學習

　　成效之研究》。國立花蓮師範學院特殊教育教學碩士論文。

彰化縣成功國中資訊網（民97）。〈身心障礙學生身心特質與輔導策略〉。民國
　　97年1月10日，網址：http://www.ckjh. chc.edu.tw/~guide/spead/teacherad.doc

台灣大學資源教室（民97）。〈認識身心障礙〉。民國97年1月10日，網址：
　　http://homepage.ntu.edu.tw/~rer/know.htm

鄭光明（民94）。《多重障礙學生含手行為的功能分析與介入之研究》。台北市
　　立師範學院身心障礙教育研究所碩士論文

謝玉姿（民94）。〈多重障礙學生之教學輔導〉。《學校體育》，第15卷第1號，
　　期86，頁68-72。

闕月清（民97）。〈多重障礙學生個別化教育計畫〉。民國97年1月3日，網址：
　　http://140.122.72.29/text/09/02.pdf

附錄

附錄一　個別化教育計畫

臺北市立○○國民中學 <u>101</u> 學年度 第 <u>1</u> 學期

特教資源班○○○IEP會議簽到暨紀錄表

班級： <u>九 年　○</u> 班　座號 <u>○</u>　　學生姓名: <u>林 ○ ○</u>

開會日期：　101 年　9 月　○　日　星期（　○　）			
行政人員	○○○	相關專業人員	○○○
普通班教師	○○○	家長／監護人	○○○
特教教師	○○○	學生／其他	○○○
討論與決議事項：（含家長配合事項及需求） 1.簡化課程並採多元評量，考試提供報讀服務。 2.該生能每天穩定用藥，並能利用老師準備的記錄紙主動記錄服藥情形。 3.老師與家長平日在與該生閒聊中，要告訴該生穩定用藥對其的重要性。 4.兩星期內要與該生討論出克制衝動的方法。 5.為了不要忘東忘西，該生要找出至少一種以上方法，隨時提醒自己每天該做的事。 6.老師利用生活輔導時機，引導該生遇到挫折或委屈時，能用正向的情緒反應。 7.每週至少3次找個管敘述學校生活事件，藉以訓練該生表達的條理性。 8.該生跟人互動時，每天至少要有3次對人基本禮貌的問候語。 9.該生發生問題行為經老師勸導後，能在1週內以正向行為反應同事件的再發生。 10.每個月與家長聯絡至少3次進行親職教育，同時在本學期中與家長討論該生升學問題與 　　提供升學建議。			
實施日期	101.09.～102.01	個案管理者	○○○

一、基本資料

(一)個人資料

學生姓名	○○○	性別	男	出生	86年○月○日	身分證字號	A12345○○○

住址	台北市○○區○○里○鄰○○路○段○巷○號						

住址變更	台北市○○區○○里○鄰○○路○段○巷○號	電話	(O)：
家長或監護人	○○○	關係 父子		(H)：

台北市鑑輔會鑑定類別：學習障礙＋ADHD	行動：0912-34○○

身心障礙手冊：■無　　□有（續填）手冊記載類別：　　　障礙程度：

(二)身心狀況

1.健康狀況：

　■健康，很少生病 □偶生病 □常生病 □體弱多病（常缺席） □其他 _____

2.相關障礙：

　□智障 □聽障 □語障 □視障 ■學障 □肢障 □自閉症 □情緒障礙 _____

　□特殊疾病：_____ ■服用藥物：_專司達54mg_ ■其他：_ADHD_

　特徵描述：皮膚黑，動作敏捷靈活、活動量大，不安於坐，易衝動與同學口角，與人說話時有口齒不清，讓對方無法暸解其意的情況。

(三)家庭狀況及背景環境

家長教育程度	父：國小　　母：國小	主要照顧者	父親、哥哥
家長職業	父：車床工人　　母：不詳	主要學習協助者	哥哥
家庭經濟狀況	低收入	父母婚姻狀況	離婚	家族特殊案例	發展遲緩
家長期望	念高職學一技之長。				
家庭生活簡述	（家庭互動關係、教養態度、生活作息狀況……） 屬大家庭，與伯父母、叔叔、姑姑比鄰而住，但大人們曾為一些事情有嫌隙，彼此關係疏離。○○有一位哥哥，98學年六月國中畢業後未升學，在社區一家汽車修理廠學習修理汽車，父親工作時間長，對○○採放任式教養態度，生活及學習均交由哥哥處理。哥哥對○○疼愛有加，然哥哥畢竟年紀尚小，且哥哥本身個性也衝動，兩兄弟常常會因哥哥要勸導弟弟的行為而吵架，甚至互毆，日常生活作息尚稱正常。近日爸爸把○○的監護工作全交給伯父來處理，○○在學校發生事情，爸爸會要老師聯繫伯父，幾經老師說明爸爸仍堅持要老師有事找伯父（101.12）。				

(四)教育史及發展史

過去教育安置情形	學前：○○幼稚園2年 國小：○○國小，小一開始接受資源班服務。
專業診斷治療情形	無
其他（出生特殊狀況）	無

二、評量記錄

- 標準化測驗：如個別或團體智力測驗、各科能力診斷測驗……
- 檢核量表：如適應行為量表、各類障礙檢核表或相關量表……
- 非正式評量：如觀察、晤談、自編測驗……（可貼上鑑定結果摘要表）

評量方式 或工具	日期	評量者	結果摘要
魏氏兒童 智力量表III	2010/3/26	○○○	FIQ88、VIQ77、PIQ105 語文理解80　專心注意72　知覺組織112 處理速度95　常識4　類同8　算數5　詞彙6 理解6　記憶廣度5　圖畫補充13　符號替代6 連環圖系13　圖形設計11　物型配置11 符號尋找12　迷津10 1.語文智商明顯低於作業智商，有明顯的內在差異。VIQ與PIQ相差太大達28分，達臨床上之顯著水準，因此全量表智商88分應不被接受。語文智商77為有意義指數，PIQ為無意義指數，應用POI取代PIQ分數，即POI=112為中上。另外個案之PSI95為無意義指數，個案的專心注意指數72，明顯低於知覺組織，因此個案專心注意為明顯弱勢。 2.該生在作業量表的分測驗─符號替代分數明顯偏低，可能有視動協調能力不佳、視知覺缺陷、握筆控制能力不佳等現象。 3.語文理解分數80與專心注意分數72遠低於其他兩個組型分數。 4.施測過程觀察：過動、不安於坐、話多、衝動性作答、不停提問或找話與施測老師聊天。對非語文題項作答很認真、興致高，對語文部分的測驗較不願多思考或嘗試作答，都直接說不會或不知道。
閱讀理解測驗	2010/3/14	○○○ （團測）	答對7題，未通過切截點。

基礎數學概念評量	2010/3/14	○○○（團測）	九九乘法8、空格6、三則1、應用4均未過切截點
中文認字量表	2010/3/27	XXX	原始分數15，PR1，年級分數0.6，未通過切截點，認字很少遠低於同儕
基本讀寫字綜合測驗	2010/3/27	XXX	找出正確的字測驗：原始分數12及5，＜1.4年級，未通過切截點 看注音寫國字測驗：原始分數1，＜1.4年級，未通過切截點
青少年社會行為簡式量表（教師評）	2010/3/27	○○○	73分（級任老師）、75分（資源班老師），低於86分，屬於社會適應不良
問題行為篩選量表 學生行為評量表 青少年社會行為評量表			通過，符合第一階段篩選資格，疑似ADHD 沒通過，排除個案ADHD症狀是因心理疾患造成 通過（三個版本都通過）
學生適應調查表	2011/6/17	○○○	老師評 適應商數75 PR6 家長評 適應商數80 PR12 雖兩版本總分皆未達PR5以下（PR6和PR12），然兩版本除家長版的人際分量表外，餘分量表皆在PR24以下，情況與老師們的觀察一致，個案在適應上是有困難的，且在家中亦同，是跨情境的，綜合以上，個案除學障外，也有嚴重情緒障礙。

三、能力現況描述

項目	能力現況描述	修改 （須註明日期）
認知能力	1.記憶力弱，對於交代的事項容易忘記。 2.注意力短暫易受外界影響，上課時常分心。 3.理解能力較弱，對於語意的瞭解需要長時間的解釋。	101.09.15
溝通能力	1.一般聽語能力正常。 2.個案說話技巧欠佳，常常辭不達意，描述一件事情時，需要他人重複問話，利用引導的方式才可以說出事情的前因後果。	101.09.15
學業能力	1.國語（閱讀、書寫）：語文能力極弱，識字量不及小一程度。可仿寫國字，但筆順錯誤且字跡潦草，且無法記住自己寫過的單字。 2.數學：具備基本的加減運算、數量概念，但乘除法與小數皆有困難，應用問題理解力不足，但會猜測作答；對其他數學概念則無法理解。 3.其他：學習動機低，遇語文問題較不願多思考或嘗試作答，而直接放棄，且有不耐煩反應。	101.09.15
生活自理能力	1.一般生活自理能力可，能配合學校作息。 2.在家會幫忙做家事，在學校也能從事勞動工作，但容易敷衍或挑揀自己想要的或輕鬆的工作。	101.09.15
動作／行動能力	動作敏捷靈活，粗大、精細動作無問題。	101.09.15
感官功能	正常與一般同學無異。	101.09.15
社會化及情緒 行為	1.因哥哥交友複雜，受哥哥朋友影響，個性上較為叛逆多有違抗，對師長的要求第一時間常無法接受，經常情緒失控。 2.欺負弱勢同學，勸戒多次依然故我。希望被肯定，但又不肯認真工作，工作常要看他心情。 3.固執很難溝通，講話缺乏耐性，遇到事情不願講或不願聽，常以不耐煩的表情回應，對人處事我行我素。 4.自尊心強，挫折忍受度低，自我中心，遇陌生情境不願意參與，直到確認情境安全是在自己能力範圍內才願意參與。 5.會為某利益而忍耐一小段時間或耍手段來得到想要的東西。很容易被一點點小事挑起而發飆，故經常發脾氣或不耐煩，也讓其他當事人莫名奇妙或嚇一跳。手部動作不斷，喜歡敲敲打打，不容易靜下來，服藥後稍能約束自己、聽進規勸，但不持久。	101.09.16

| 社會化及情緒行為 | 6.喜歡受老師稱讚及獎賞，因此接受讚賞後，尚能在部分師長面前注意、約束自身言行。
7.在普通班上課會看老師的特質，來決定鬧與起哄，讓老師無法正常上課外，在資源班亦然。
8.上課經常睡覺老師常叫不醒，如果叫醒會以發飆回應，為此導師、個管曾多次與家長聯繫，希望家長協助瞭解情況，家長會嚴重處罰該生，該生則對老師以冷戰不回應老師來報復，態度相當不好。有時家長對老師的來電亦同樣不耐煩，親職教育甚難進行。該生親叔叔及堂弟亦為資源班學生（學情障）。 | |

四、學習特性及需求綜合摘要

優點	缺點
1.動作靈敏、生活感官能力與一般同學無異。 2.具有數學基本概念、計算能力。 3.喜歡受師長稱讚而當下能注意自身言行。	1.缺乏學科基本知識，尤其閱讀、書寫緩慢不流暢，認字極少，且遇國語文則學習動機低落或直接放棄。 2.衝動、被動、分心且常以干擾同學上課方式轉移學習困難問題。 3.人際、價值觀易受朋友錯誤行為混淆。 4.自我監控能力差。 5.親職教育待加強。

問題需求（障礙狀況在普通班上課及生活之影響、適合之評量方式……）

1.學習上的影響：學習成就落後同儕極大，須提供簡化教材、補救教學、彈性作業、多元評量等，也因專心注意力不足，目前持續服藥中。
2.生活上的影響：學習挫折大而無學習動機，轉而以其他不成熟行為吸引師長注意，且受哥哥交友複雜影響，容易有錯誤價值觀，自我防衛心強，不易聽進他人意見或指令，需時常柔性提醒、溝通正確的行為與觀念。

服務需求：
1.課程與教學：資源班補救教學、簡化教材、作業減量、同儕提醒、多元／彈性評量。
2.評量需求：報讀。
3.輔導需求：宣導活動、同儕協調溝通、教導自我控制策略、加強社交技巧。
4.支援服務：各項獎助、補助申請、諮詢服務。

五、教育安置與服務方式

(一)安置環境
特殊教育班：□啟智類 □啟聰類 □啟明類 □其他＿＿＿＿＿＿
普通班+資源班：■資源教學　　■支援服務　　□其他＿＿＿

(二)接受特殊教育服務					
科目（領域）	地點	週／節課	起訖時間	負責教師	備註（抽離／外加）
國文	資一教室	3	101.09~102.1	○○○	抽離式資源班
英文	資三教室	2	101.09~102.1	○○○	抽離式資源班
數學	資五教室	3	101.09~102.1	○○○	抽離式資源班
親職教育		隨機	101.09~102.1	○○○	醫療就診、電話聯絡、觀念溝通
自我監控社交技巧	學校	隨機（早自習、下課、午休）	101.09~102.1	○○○	服藥紀錄、生活輔導、同儕關係輔導
職業生活	烘焙教室	4	101.09~102.1	○○○	抽離式資源班
職業生活	資源教室	2	101.09~102.1	○○○	抽離式資源班

(三)特教班學生參與普通班的時間與項目（上課科目、營隊活動、晨間活動……）					
科目（領域）	地點	週／節課	起訖時間	負責教師	備註

(四)相關專業服務（語言、職能、物理、醫療、心理治療或社工……）				
服務內容	服務方式（治療或諮詢）	頻率	起訖日期	負責人
醫療服務	個別	每月一次	100.9~迄今	李○○醫師

(五)行政支援（交通、輔具、無障礙設施、編班排課協調、義工及座位安排、行為問題危機處理……）		
項目	方式	負責單位（人）
排課、考試協調	排課區塊集中、考試提供報讀服務	註冊組、教學組、特教組
小義工安排	提醒、幫忙抄寫校正	個管
補助費用	午餐補助費、各項獎學金申請	導師、特教組、衛生組、註冊組
個案生活輔導	晤談、輔導、行為紀錄、家庭訪視	導師、特教組、訓導處
健康檢查	身體健康複檢與治療	健康中心

(六)轉銜服務（職業教育、技藝輔導、就業輔導、進路輔導……）

項目	計劃內容	負責單位（人）
升學輔導	升學管道與科系選擇、分析 1.對家長本學年計4次，透過親職座談、電話說明、轉銜參觀、轉銜資料說明來進行。 2.對學生透過相關課程、參觀來進行。	個管、各領域老師
個別輔導	情緒的輔導，尤其是自我監控情緒的輔導與訓練	個管、各領域老師
親職教育	父親角色的拿捏與扮演，每個月至少一次	個管、各領域老師
就醫服務	教導如何到醫院就診，如何搭車、掛號、繳錢、領藥等	個管
交通服務	3月11日免試升學放榜後即安排時間 教導如何搭車至即將就讀的高職	個管
職業試探	每週6節有烘焙與製作手工精油香皂的試探課程	特教組與輔導室協助安排

(七)個案學生上學期課表

	週一	週二	週三	週四	週五	週六
早自習	生活輔導（隨機）					
第一節	△	△	△	烘焙技藝班	△	
第二節	△	△	△	烘焙技藝班	△	
第三節	英文	△	數學	烘焙技藝班	數學	
第四節	△	△	國文	烘焙技藝班	職業生活	
午休	生活輔導（隨機）					
第五節	國文	△	△	國文	職業生活	
第六節	△	數學	△	△	△	
第七節	△	英文	△	△	△	

	地點與方式	符號	每星期上課節數	其他或修改（請註明日期）
綜合說明	普通班	△	21	
	入普通班協助	◎		101.09
	資源教室	#	14	
	特教班	☆		

※請在課表欄內將學生所接受的特殊服務地點與方式，用綜合說明欄之代號列於該科目後

六、學年教育目標

年度目標	領域範圍
1.調整簡化基本學科教材教學——學習重點以實用性為主,並融入日常生活類化應用;並採多元評量方式及提供考試報讀服務	採國、英、數三科抽離式分組教學,課程內容則配合該生學習能力並提供解題、作答策略及分析理解方法;提供多元評量方式及彈性評量標準、考試報讀服務,幫助其獲得較有效的學習。
2.穩定就醫用藥	1.考量家庭狀況由父親出同意書由老師帶孩子就醫與在校督導孩子每日用藥,慢慢調整由父親帶孩子回診拿藥。 2.讓孩子知道穩定用藥對他的重要性。
3.增進人際互動與主動表達的能力	1.與各資源班任課老師配合,多給予練習與表達的機會,視情況需要給予示範。 2.利用生活輔導予以社交技巧教學,引導其落實人際基本禮貌,增進其良好人際互動能力。
4.職業試探與性向分析	將職業課觀察結果、性向測驗結論與普通班老師、家長、學生討論,作為未來升學高職選填科別作準備。
5.交通服務	利用時間教導該生學習如何搭車至未來就讀學校。
6.加強自我監控能力	1.使用行為改變技術,增強良好行為,消弱欲改善行為,使其逐步達到遵守團體行為常規,並能在生活中做到自我監控,落實日常生活常規與事務,不再忘東忘西。 2.任課教師或班上小天使隨時關切予以提醒或指導。
7.重視親職教育	與家長隨時保持聯繫,提供親職教育並互相配合輔導該生。

七、學期教育目標

科目領域	班級組別	負責教師	學期目標	評量方式	起訖日期	評量	
						標準	結果
課業輔導	資源班各學科	○○○	1.能完成資源班簡化後課程之各科回家作業，正確率達60%以上	AC	101.09~102.01	4	2
			2.能將每日資源班聯絡簿請家長簽名，達成率80%以上	AC	101.09~102.01	4	3
			3.考試參加學校提供的報讀服務	BC	101.09~102.01	5	5
生活輔導	3LD	○○○	4.每天到校後能到特教組服藥	C	101.09~102.01	4	3
			5.每天服藥後能主動做紀錄	C	101.09~102.01	4	4
			6.能清楚知道、說出服藥對自己的幫助是什麼	AC	101.09~102.01	4	4
			7.能表達自己在意識上有主動吃藥的想法與意願	AC	101.09~102.01	3	3
			8.爸爸能克服困難依醫囑帶孩子回診拿藥	AC	101.12~102.01	2	1
			9.說話、動作時能多想5秒再回應	C	101.09~102.01	3	3
			10.上課能經小天使的提醒後，不隨便起鬨或跟著起鬨	AC	101.09~102.01	4	3
			11.利用小抄當備忘錄隨時提醒自己要做的事	AC	101.09~102.01	3	3
			12.生氣時能快跑離開現場到操場大叫或找老師談話、訴說委屈	C	101.09~102.01	3	2
			13.每週要找時間向個管描述班上發生事件3次	AB	101.09~102.01	3	3
			14.每天與人互動時至少要說請、對不起、謝謝等禮貌語各1次	BC	101.09~102.01	3	2
			15.對特殊事件經老師勸導過後，能在一週內落實在生活中	C	101.09~102.01	3	3

生活輔導	3LD	○○○	16. 每月至少和爸爸聯絡溝通3次討論孩子問題	B	101.09 ~102.01	5	5
			17. 利用機會提供爸爸有關孩子升學資訊及建議	B	101.09 ~102.01	5	5

※評量方式：A：問答　B：實際操作　C：觀察　D：紙筆　E：作業　F：其他
※評量標準與結果：
　　五點量表：1：達到0~20%　2：達到20~40%　3：達到40~60%　4：達到60~80%
　　　　　　　5：達到80~100%

附錄二　特殊教育法

中華民國七十三年十二月十七日

總統（73）華總（一）義字第6692號令制定公布全文25條

中華民國八十六年五月十四日

總統（86）華總（一）義字第8600112820號令修正公布全文33條

中華民國九十年十二月二十六日

總統（90）華總一義字第9000254110號令修正發布

中華民國九十三年六月二十三日

總統華總一義字第09300117551號令增訂公布

中華民國九十八年十一月十八日

總統華總一義字第09800289381號令修正公布全文51條

中華民國一百零二年一月二十三日

總統華總一義字第10200012441號令修正公布

第一章　總則

第1條　為使身心障礙及資賦優異之國民，均有接受適性教育之權利，充
　　　　分發展身心潛能，培養健全人格，增進服務社會能力，特制定本
　　　　法。

第2條　本法所稱主管機關：在中央為教育部；在直轄市為直轄市政府；
　　　　在縣（市）為縣（市）政府。
　　　　本法所定事項涉及各目的事業主管機關業務時，各該機關應配合
　　　　辦理。

第3條　本法所稱身心障礙，指因生理或心理之障礙，經專業評估及鑑定

具學習特殊需求，須特殊教育及相關服務措施之協助者；其分類如下：

一、智能障礙。

二、視覺障礙。

三、聽覺障礙。

四、語言障礙。

五、肢體障礙。

六、腦性麻痺。

七、身體病弱。

八、情緒行為障礙。

九、學習障礙。

十、多重障礙。

十一、自閉症。

十二、發展遲緩。

十三、其他障礙。

第4條　本法所稱資賦優異，指有卓越潛能或傑出表現，經專業評估及鑑定具學習特殊需求，須特殊教育及相關服務措施之協助者；其分類如下：

一、一般智能資賦優異。

二、學術性向資賦優異。

三、藝術才能資賦優異。

四、創造能力資賦優異。

五、領導能力資賦優異。

六、其他特殊才能資賦優異。

第5條　各級主管機關為促進特殊教育發展，應設立特殊教育諮詢會。遴聘學者專家、教育行政人員、學校行政人員、同級教師組織代

表、家長代表、特殊教育相關專業人員（以下簡稱專業人員）、相關機關（構）及團體代表，參與諮詢、規劃及推動特殊教育相關事宜。

前項諮詢會成員中，教育行政人員及學校行政人員代表人數合計不得超過半數，單一性別人數不得少於三分之一。

第一項參與諮詢、規劃、推動特殊教育與其他相關事項之辦法及自治法規，由各主管機關定之。

第6條　各級主管機關應設特殊教育學生鑑定及就學輔導會（以下簡稱鑑輔會），遴聘學者專家、教育行政人員、學校行政人員、同級教師組織代表、家長代表、專業人員、相關機關（構）及團體代表，辦理特殊教育學生鑑定、安置、重新安置、輔導等事宜；其實施方法、程序、期程、相關資源配置，與運作方式之辦法及自治法規，由各級主管機關定之。

前項鑑輔會成員中，教育行政人員及學校行政人員代表人數合計不得超過半數，單一性別人數不得少於三分之一。

各該主管機關辦理身心障礙學生鑑定及安置工作召開會議時，應通知有關之學生家長列席，該家長並得邀請相關專業人員列席。

第7條　各級主管機關為執行特殊教育工作，應設專責單位。

特殊教育學校及設有特殊教育班之各級學校，其承辦特殊教育業務人員及特殊教育學校之主管人員，應進用具特殊教育相關專業者。

前項具特殊教育相關專業，指修習特殊教育學分三學分以上者。

第8條　各級主管機關應每年定期舉辦特殊教育學生狀況調查及教育安置需求人口通報，出版統計年報，依據實際現況及需求，妥善分配相關資源，並規劃各項特殊教育措施。

第9條　各級政府應從寬編列特殊教育預算，在中央政府不得低於當年度

教育主管預算百分之四‧五；在地方政府不得低於當年度教育主管預算百分之五。地方政府編列預算時，應優先辦理身心障礙教育。

中央政府為均衡地方身心障礙教育之發展，應補助地方辦理身心障礙教育之人事及業務經費；其補助辦法，由中央主管機關會商直轄市、縣（市）主管機關後定之。

第二章　特殊教育之實施

第一節　通則

第10條　特殊教育之實施，分下列四階段：

一、學前教育階段：在醫院、家庭、幼稚園、托兒所、社會福利機構、特殊教育學校幼稚部或其他適當場所辦理。

二、國民教育階段：在國民小學、國民中學、特殊教育學校或其他適當場所辦理。

三、高級中等教育階段：在高級中等學校、特殊教育學校或其他適當場所辦理。

四、高等教育及成人教育階段：在專科以上學校或其他成人教育機構辦理。

前項第一款學前教育階段及第二款國民教育階段，特殊教育學生以就近入學為原則。但國民教育階段學區學校無適當場所提供特殊教育者，得經主管機關安置於其他適當特殊教育場所。

第11條　高級中等以下各教育階段學校得設特殊教育班，其辦理方式如下：

一、集中式特殊教育班。

二、分散式資源班。

三、巡迴輔導班。

前項特殊教育班之設置，應由各級主管機關核定；其班級之設施及人員設置標準，由中央主管機關定之。

高級中等以下各教育階段學生，未依第一項規定安置於特殊教育班者，其所屬學校得擬具特殊教育方案向各主管機關申請；其申請內容與程序之辦法及自治法規，由各主管機關定之。

第12條　為因應特殊教育學生之教育需求，其教育階段、年級安排、教育場所及實施方式，應保持彈性。

特殊教育學生得視實際狀況，調整其入學年齡及修業年限；其降低或提高入學年齡、縮短或延長修業年限及其他相關事項之辦法，由中央主管機關定之。但法律另有規定者，從其規定。

第13條　各教育階段之特殊教育，由各主管機關辦理為原則，並得獎助民間辦理，對民間辦理身心障礙教育者，應優先獎助。

前項獎助對象、條件、方式、違反規定時之處理與其他應遵行事項之辦法及自治法規，由各級主管機關定之。

第14條　高級中等以下各教育階段學校為辦理特殊教育應設置專責單位，依實際需要遴聘及進用特殊教育教師、特殊教育相關專業人員、教師助理員及特教學生助理人員。

前項專責單位之設置與人員之遴聘、進用及其他相關事項之辦法，由中央主管機關定之。

第15條　為提升特殊教育及相關服務措施之服務品質，各級主管機關應加強辦理特殊教育教師及相關人員之培訓及在職進修。

第16條　各級主管機關為實施特殊教育，應依鑑定基準辦理身心障礙學生及資賦優異學生之鑑定。

前項學生之鑑定基準、程序、期程、教育需求評估、重新評估程序及其他應遵行事項之辦法，由中央主管機關定之。

第17條　托兒所、幼稚園及各級學校應主動或依申請發掘具特殊教育需求
　　　　之學生，經監護人或法定代理人同意者，依前條規定鑑定後予以
　　　　安置，並提供特殊教育及相關服務措施。
　　　　各主管機關應每年重新評估前項安置之適當性。
　　　　監護人或法定代理人不同意進行鑑定安置程序時，托兒所、幼稚
　　　　園及高級中等以下學校應通報主管機關。
　　　　主管機關為保障身心障礙學生權益，必要時得要求監護人或法定
　　　　代理人配合鑑定後安置及特殊教育相關服務。

第18條　特殊教育與相關服務措施之提供及設施之設置，應符合適性
　　　　化、個別化、社區化、無障礙及融合之精神。

第19條　特殊教育之課程、教材、教法及評量方式，應保持彈性，適合特
　　　　殊教育學生身心特性及需求；其辦法，由中央主管機關定之。

第20條　為充分發揮特殊教育學生潛能，各級學校對於特殊教育之教學應
　　　　結合相關資源，並得聘任具特殊專才者協助教學。
　　　　前項特殊專才者聘任辦法，由中央主管機關定之。

第21條　對學生鑑定、安置及輔導如有爭議，學生或其監護人、法定代理
　　　　人，得向主管機關提起申訴，主管機關應提供申訴服務。
　　　　學生學習、輔導、支持服務及其他學習權益事項受損時，學生或
　　　　其監護人、法定代理人，得向學校提出申訴，學校應提供申訴服
　　　　務。
　　　　前二項申訴服務事項之辦法，由中央主管機關定之。

第二節　身心障礙教育

第22條　各級學校及試務單位不得以身心障礙為由，拒絕學生入學或應
　　　　試。
　　　　各級學校及試務單位應提供考試適當服務措施，並由各試務單

位公告之；其身心障礙學生考試服務辦法，由中央主管機關定之。

第23條　身心障礙教育之實施，各級主管機關應依專業評估之結果，結合醫療相關資源，對身心障礙學生進行有關復健、訓練治療。

為推展身心障礙兒童之早期療育，其特殊教育之實施，應自二歲開始。

第24條　各級主管機關應提供學校輔導身心障礙學生有關評量、教學及行政等支援服務，並適用於經主管機關許可在家實施非學校型態實驗教育之身心障礙學生。

各級學校對於身心障礙學生之評量、教學及輔導工作，應以專業團隊合作進行為原則，並得視需要結合衛生醫療、教育、社會工作、獨立生活、職業重建相關等專業人員，共同提供學習、生活、心理、復健訓練、職業輔導評量及轉銜輔導與服務等協助。

前二項之支援服務與專業團隊設置及實施辦法，由中央主管機關定之。

第25條　各級主管機關或私人為辦理高級中等以下各教育階段之身心障礙學生教育，得設立特殊教育學校；特殊教育學校之設立，應以小班、小校為原則，並以招收重度及多重障礙學生為優先，各直轄市、縣（市）應至少設有一所特殊教育學校（分校或班），每校並得設置多個校區；特殊教育班之設立，應力求普及，符合社區化之精神。

啟聰學校以招收聽覺障礙學生為主；啟明學校以招收視覺障礙學生為主。

特殊教育學校依其設立之主體為中央政府、直轄市政府、縣（市）政府或私人，分為國立、直轄市立、縣（市）立或私

立；其設立、變更及停辦，依下列規定辦理：

一、國立：由中央主管機關核定。

二、直轄市立：由直轄市主管機關核定後，報請中央主管機關備查。

三、縣（市）立：由縣（市）主管機關核定後，報請中央主管機關備查。

四、私立：依私立學校法相關規定辦理。

特殊教育學校設立所需之校地、校舍、設備、師資、變更、停辦或合併之要件、核准程序、組織之設置及人員編制標準，由中央主管機關定之。

第26條　特殊教育學校置校長一人，其聘任資格依教育人員任用條例之規定，並應具備特殊教育之專業知能，聘任程序比照其所設最高教育階段之學校法規之規定。

第27條　高級中等以下各教育階段學校，對於就讀普通班之身心障礙學生，應予適當教學及輔導；其教學原則及輔導方式之辦法，由各級主管機關定之。

為使普通班教師得以兼顧身心障礙學生及其他學生之需要，前項學校應減少身心障礙學生就讀之普通班學生人數，或提供所需人力資源及協助；其減少班級學生人數之條件、核算方式、提供所需人力資源與協助之辦法，由中央主管機關定之。

第28條　高級中等以下各教育階段學校，應以團隊合作方式對身心障礙學生訂定個別化教育計畫，訂定時應邀請身心障礙學生家長參與，必要時家長得邀請相關人員陪同參與。

第29條　高級中等以下各教育階段學校，應考量身心障礙學生之優勢能力、性向及特殊教育需求及生涯規劃，提供適當之升學輔導。

身心障礙學生完成國民義務教育後之升學輔導辦法，由中央主管

機關定之。

第30條　政府應實施身心障礙成人教育，並鼓勵身心障礙者參與終身學習活動；其辦理機關、方式、內容及其他相關事項之辦法，由中央主管機關定之。

第30-1條　高等教育階段學校為協助身心障礙學生學習及發展，應訂定特殊教育方案實施，並得設置專責單位及專責人員，依實際需要遴聘及進用相關專責人員；其專責單位之職責、設置與人員編制、進用及其他相關事項之辦法，由中央主管機關定之。

　　　　　高等教育階段之身心障礙教育，應符合學生需求，訂定個別化支持計畫，協助學生學習及發展；訂定時應邀請相關教學人員、身心障礙學生或家長參與。

第31條　為使各教育階段身心障礙學生服務需求得以銜接，各級學校應提供整體性與持續性轉銜輔導及服務；其轉銜輔導及服務之辦法，由中央主管機關定之。

第32條　各級主管機關應依身心障礙學生之家庭經濟條件，減免其就學費用；對於就讀學前私立幼稚園、托兒所或社會福利機構之身心障礙幼兒，得發給教育補助費，並獎助其招收單位。

　　　　　前項減免、獎補助之對象、條件、金額、名額、次數及其他應遵行事項之辦法，由中央主管機關定之。

　　　　　身心障礙學生品學兼優或有特殊表現者，各級主管機關應給予獎補助；其辦法及自治法規，由各級主管機關定之。

第33條　學校、幼兒園及社會福利機構應依身心障礙學生在校（園）學習及生活需求，提供下列支持服務：

一、教育輔助器材。

二、適性教材。

三、學習及生活人力協助。

四、復健服務。

五、家庭支持服務。

六、校園無障礙環境。

七、其他支持服務。

經主管機關許可在家實施非學校型態實驗教育之身心障礙學生，適用前項第一款至第五款服務。

前二項辦法由中央主管機關定之。

身心障礙學生無法自行上下學者，由各主管機關免費提供交通工具；確有困難提供者，補助其交通費；其實施辦法及自治法規，由各主管機關定之。

各主管機關應優先編列預算，推動第一項、第四項之服務。

第34條 各主管機關得依申請核准或委託社會福利機構、醫療機構及少年矯正學校，辦理身心障礙教育。

第三節 資賦優異教育

第35條 學前教育階段及高級中等以下各教育階段學校資賦優異教育之實施，依下列方式辦理：

一、學前教育階段：採特殊教育方案辦理。

二、國民教育階段：採分散式資源班、巡迴輔導班、特殊教育方案辦理。

三、高級中等教育階段：依第十一條第一項及第三項規定方式辦理。

第36條 高級中等以下各教育階段學校應以協同教學方式，考量資賦優異學生性向、優勢能力、學習特質及特殊教育需求，訂定資賦優異學生個別輔導計畫，必要時得邀請資賦優異學生家長參與。

第37條　高等教育階段資賦優異教育之實施，應考量資賦優異學生之性
　　　　向及優勢能力，得以特殊教育方案辦理。

第38條　資賦優異學生之入學、升學，應依各該教育階段法規所定入
　　　　學、升學方式辦理；高級中等以上教育階段學校，並得參採資
　　　　賦優異學生在學表現及潛在優勢能力，以多元入學方式辦理。

第39條　資賦優異學生得提早選修較高一級以上教育階段課程，其選修
　　　　之課程及格者，得於入學後抵免。

第40條　高級中等以下各教育階段主管機關，應補助學校辦理多元資優
　　　　教育方案，並對辦理成效優良者予以獎勵。
　　　　資賦優異學生具特殊表現者，各級主管機關應給予獎助。
　　　　前二項之獎補助辦法及自治法規，由各主管機關定之。

第41條　各級主管機關及學校對於身心障礙及社經文化地位不利之資賦
　　　　優異學生，應加強鑑定與輔導，並視需要調整評量工具及程
　　　　序。

第三章　特殊教育支持系統

第42條　各級主管機關為改進特殊教育課程、教材教法及評量方式，應進
　　　　行相關研究，並將研究成果公開及推廣使用。

第43條　為鼓勵大學校院設有特殊教育系、所者設置特殊教育中心，協助
　　　　特殊教育學生之鑑定、教學及輔導工作，中央主管機關應編列經
　　　　費補助之。
　　　　為辦理特殊教育各項實驗研究並提供教學實習，設有特殊教育系
　　　　之大學校院，得附設特殊教育學校（班）。

第44條　各級主管機關為有效推動特殊教育、整合相關資源、協助各級學
　　　　校特殊教育之執行及提供諮詢、輔導與服務，應建立特殊教育

行政支持網絡；其支持網絡之聯繫與運作方式之辦法及自治法規，由各級主管機關定之。

第45條　高級中等以下各教育階段學校，為處理校內特殊教育學生之學習輔導等事宜，應成立特殊教育推行委員會，並應有身心障礙學生家長代表；其組成與運作方式之辦法及自治法規，由各級主管機關定之。

高等教育階段學校，為處理校內特殊教育學生之學習輔導等事宜，得成立特殊教育推行委員會，並應有身心障礙學生或家長代表參與。

第46條　各級學校應提供特殊教育學生家庭諮詢、輔導、親職教育及轉介等支持服務。

前項所定支持服務，其經費及資源由各級主管機關編列預算辦理。

身心障礙學生家長至少應有一人為該校家長會常務委員或委員，參與學校特殊教育相關事務之推動。

第47條　高級中等以下各教育階段學校辦理特殊教育之成效，主管機關應至少每三年辦理一次評鑑。

直轄市及縣（市）主管機關辦理特殊教育之績效，中央主管機關應至少每三年辦理一次評鑑。

前二項之評鑑項目及結果應予公布，並對評鑑成績優良者予以獎勵，未達標準者應予追蹤輔導；其相關評鑑辦法及自治法規，由各主管機關定之。

237

第四章　附則

第48條　公立特殊教育學校之場地、設施與設備提供他人使用、委託經營、獎勵民間參與,與學生重補修、辦理招生、甄選、實習、實施推廣教育等所獲之收入及其相關支出,應設置專帳以代收代付方式執行,其賸餘款並得滾存作為改善學校基本設施或充實教學設備之用,不受預算法第十三條、國有財產法第七條及地方公有財產管理相關規定之限制。

前項收支管理作業規定,由中央主管機關定之。

第49條　本法授權各級主管機關訂定之法規,應邀請同級教師組織及家長團體參與訂定之。

第50條　本法施行細則,由中央主管機關定之。

第51條　本法自公布日施行。

附錄三　特殊教育法施行細則

中華民國七十六年三月二十五日

教育部（76）台參字第12619號令訂定發布全文30條

中華民國八十七年五月二十九日

教育部（87）台參字第87057266號令修正發布全文22條

中華民國八十八年八月十日

教育部（88）台參字第88097551號令修正發布第4條條文

中華民國九十一年四月十五日

教育部（91）台參字第91049522號令修正發布第21條條文；並刪除第2條

條文

中華民國九十二年八月七日

教育部台參字第0920117583A號令修正發布第13條條文

中華民國一百零一年十一月二十六日

教育部台參字第1010214785C號令修正發布全文17條；並自發布日施行

第1條　本細則依特殊教育法（以下簡稱本法）第五十條規定訂定之。

第2條　本法第七條第一項所稱專責單位，指各級主管機關所設具有專責
　　　　人員及預算，負責辦理特殊教育業務之單位。

　　　　本法第七條第三項所稱修習特殊教育學分三學分以上，指修畢由
　　　　大學開設之特殊教育學分三學分以上，或參加由各級主管機關辦
　　　　理之特殊教育專業研習五十四小時以上。

第3條　各級主管機關依本法第八條每年定期辦理特殊教育學生狀況調查
　　　　及教育安置需求人口通報後，應建立及運用各階段特殊教育通報

系統，並與衛生、社政主管機關所建立之通報系統互相協調妥善結合。

各級主管機關依本法第八條規定出版之統計年報，應包括特殊教育學生與師資人數及比率、安置與經費狀況及其他特殊教育通報之項目。

第一項特殊教育通報系統之建置及運用，得委託或委辦學校或機關（構）辦理。

第4條　依本法第十一條第一項規定，於高級中等以下各教育階段學校設立之特殊教育班，包括在幼兒（稚）園、國民小學、國民中學及高級中等學校專為身心障礙或資賦優異學生設置之特殊教育班。

依本法第二十五條第一項規定，於高級中等以下各教育階段設立之特殊教育學校，包括幼兒部、國民小學部、國民中學部、高級中學部及高級職業學校部專為身心障礙學生設置之學校。

第5條　本法第十一條第一項第一款所定集中式特殊教育班，指學生全部時間於特殊教育班接受特殊教育及相關服務；其經課程設計，部分學科（領域）得實施跨班教學。

本法第十一條第一項第二款所定分散式資源班，指學生在普通班就讀，部分時間接受特殊教育及相關服務。

本法第十一條第一項第三款所定巡迴輔導班，指學生在家庭、機構或學校，由巡迴輔導教師提供部分時間之特殊教育及相關服務。

本法第十一條第三項所定特殊教育方案，必要時，得採跨校方式辦理。

第6條　本法第十五條所定特殊教育相關人員，包括各教育階段學校普通班教師、行政人員、特殊教育相關專業人員及助理人員。

第7條　本法第二十三條第一項所稱結合醫療相關資源，指各級主管機關

應主動協調醫療機構，針對身心障礙學生提供有關復健、訓練治療、評量及教學輔導諮詢。

為推展本法第二十三條第二項身心障礙兒童早期療育，直轄市、縣（市）政府應普設學前特殊教育設施，提供適當之相關服務。

第8條　本法第二十六條所定特殊教育學校校長應具備特殊教育之專業知能，指應修習第二條第二項所定特殊教育學分三學分以上。

第9條　本法第二十八條所稱個別化教育計畫，指運用團隊合作方式，針對身心障礙學生個別特性所訂定之特殊教育及相關服務計畫；其內容包括下列事項：

一、學生能力現況、家庭狀況及需求評估。

二、學生所需特殊教育、相關服務及支持策略。

三、學年與學期教育目標、達成學期教育目標之評量方式、日期及標準。

四、具情緒與行為問題學生所需之行為功能介入方案及行政支援。

五、學生之轉銜輔導及服務內容。

前項第五款所定轉銜輔導及服務，包括升學輔導、生活、就業、心理輔導、福利服務及其他相關專業服務等項目。

參與訂定個別化教育計畫之人員，應包括學校行政人員、特殊教育及相關教師、學生家長；必要時，得邀請相關專業人員及學生本人參與，學生家長亦得邀請相關人員陪同。

第10條　前條身心障礙學生個別化教育計畫，學校應於新生及轉學生入學後一個月內訂定；其餘在學學生之個別化教育計畫，應於開學前訂定。

前項計畫，每學期應至少檢討一次。

第11條　本法第三十條第一項所稱高等教育階段特殊教育方案，指學校應

依特殊教育學生特性及學習需求，規劃辦理在校學習、生活輔導及支持服務等；其內容應載明下列事項：

一、依據。

二、目的。

三、實施對象及其特殊教育與支持服務。

四、人力支援及行政支持。

五、空間及環境規劃。

六、辦理期程。

七、經費概算及來源。

八、預期成效。

前項第三款特殊教育與支持服務，包括學習輔導、生活輔導、支持協助及諮詢服務等。

第12條　前條特殊教育方案，學校應運用團隊合作方式，整合相關資源，針對身心障礙學生個別特性及需求，訂定個別化支持計畫；其內容包括下列事項：

一、學生能力現況、家庭狀況及需求評估。

二、學生所需特殊教育、支持服務及策略。

三、學生之轉銜輔導及服務內容。

第13條　依本法第四十一條對於身心障礙之資賦優異學生或社經文化地位不利之資賦優異學生加強輔導，應依其身心狀況，保持最大彈性，予以特殊設計及支援，並得跨校實施。

第14條　特殊教育學生已重新安置於其他學校，原就讀學校應將個案資料隨同移轉，以利持續輔導。

第15條　本法第四十三條第二項所定設有特殊教育學系之大學校院得附設特殊教育學校（班），包括附設或附屬二種情形，其設立應經專案評估後，報主管機關核定。

前項附設或附屬特殊教育學校（班），其設立規模及人員編制，準用特殊教育學校設立變更停辦合併及人員編制標準之規定。

第16條　各級主管機關依本法第四十四條規定所建立之特殊教育行政支持網絡，包括為協助辦理特殊教育相關事項所設特殊教育資源中心；其成員由主管機關就學校教師、學者專家或相關專業人員聘任（兼）之。

第17條　本細則自發布日施行。

附錄四　身心障礙及資賦優異學生鑑定辦法

中華民國九十一年五月九日

教育部（91）台參字第91063444號令訂定發布全文二十條

中華民國九十五年九月二十九日

教育部台參字第0950141561C號令修正發布

中華民國一零一年九月二十八日

教育部臺參字第1010173092C號令修正發布名稱及全文二十四條；並自發布日施行（原名稱：身心障礙及資賦優異學生鑑定標準）

第1條　本辦法依特殊教育法（以下簡稱本法）第十六條第二項規定訂定之。

第2條　身心障礙學生之鑑定，應採多元評量，依學生個別狀況採取標準化評量、直接觀察、晤談、醫學檢查等方式，或參考身心障礙手冊（證明）記載蒐集個案資料，綜合研判之。

　　　　資賦優異學生之鑑定，應以標準化評量工具，採多元及多階段評量，除一般智能及學術性向資賦優異學生之鑑定外，其他各類資賦優異學生之鑑定，均不得施以學科（領域）成就測驗。

第3條　本法第三條第一款所稱智能障礙，指個人之智能發展較同年齡者明顯遲緩，且在學習及生活適應能力表現上有顯著困難者。

　　　　前項所定智能障礙，其鑑定基準依下列各款規定：

一、心智功能明顯低下或個別智力測驗結果未達平均數負二個標準差。

二、學生在生活自理、動作與行動能力、語言與溝通、社會人際與情緒行為等任一向度及學科（領域）學習之表現較同年齡

者有顯著困難情形。

第4條　本法第三條第二款所稱視覺障礙，指由於先天或後天原因，導致
視覺器官之構造缺損，或機能發生部分或全部之障礙，經矯正後
其視覺辨認仍有困難者。

前項所定視覺障礙，其鑑定基準依下列各款規定之一：

一、視力經最佳矯正後，依萬國式視力表所測定優眼視力未達〇
‧三或視野在二十度以內。

二、視力無法以前款視力表測定時，以其他經醫學專業採認之檢
查方式測定後認定。

第5條　本法第三條第三款所稱聽覺障礙，指由於聽覺器官之構造缺損或
功能異常，致以聽覺參與活動之能力受到限制者。

前項所定聽覺障礙，其鑑定基準依下列各款規定之一：

一、接受行為式純音聽力檢查後，其優耳之五百赫、一千赫、
二千赫聽閾平均值，六歲以下達二十一分貝以上者；七歲以
上達二十五分貝以上。

二、聽力無法以前款行為式純音聽力測定時，以聽覺電生理檢查
方式測定後認定。

第6條　本法第三條第四款所稱語言障礙，指語言理解或語言表達能力與
同年齡者相較，有顯著偏差或低落現象，造成溝通困難者。

前項所定語言障礙，其鑑定基準依下列各款規定之一：

一、構音異常：語音有省略、替代、添加、歪曲、聲調錯誤或含
糊不清等現象。

二、嗓音異常：說話之音質、音調、音量或共鳴與個人之性別或
年齡不相稱等現象。

三、語暢異常：說話節律有明顯且不自主之重複、延長、中斷、
首語難發或急促不清等現象。

四、語言發展異常：語言之語形、語法、語意或語用異常，致語言理解或語言表達較同年齡者有顯著偏差或低落。

第7條　本法第三條第五款所稱肢體障礙，指上肢、下肢或軀幹之機能有部分或全部障礙，致影響參與學習活動者。

前項所定肢體障礙，應由專科醫師診斷；其鑑定基準依下列各款規定之一：

一、先天性肢體功能障礙。

二、疾病或意外導致永久性肢體功能障礙。

第8條　本法第三條第六款所稱身體病弱，指罹患疾病，體能衰弱，需要長期療養，且影響學習活動者。

前項所定身體病弱，其鑑定由醫師診斷後認定。

第9條　本法第三條第七款所稱情緒行為障礙，指長期情緒或行為表現顯著異常，嚴重影響學校適應者；其障礙非因智能、感官或健康等因素直接造成之結果。

前項情緒行為障礙之症狀，包括精神性疾患、情感性疾患、畏懼性疾患、焦慮性疾患、注意力缺陷過動症、或有其他持續性之情緒或行為問題者。

第一項所定情緒行為障礙，其鑑定基準依下列各款規定：

一、情緒或行為表現顯著異於其同年齡或社會文化之常態者，得參考精神科醫師之診斷認定之。

二、除學校外，在家庭、社區、社會或任一情境中顯現適應困難。

三、在學業、社會、人際、生活等適應有顯著困難，且經評估後確定一般教育所提供之介入，仍難獲得有效改善。

第10條　本法第三條第八款所稱學習障礙，統稱神經心理功能異常而顯現出注意、記憶、理解、知覺、知覺動作、推理等能力有問題，致

在聽、說、讀、寫或算等學習上有顯著困難者；其障礙並非因感官、智能、情緒等障礙因素或文化刺激不足、教學不當等環境因素所直接造成之結果。

前項所定學習障礙，其鑑定基準依下列各款規定：

一、智力正常或在正常程度以上。

二、個人內在能力有顯著差異。

三、聽覺理解、口語表達、識字、閱讀理解、書寫、數學運算等學習表現有顯著困難，且經確定一般教育所提供之介入，仍難有效改善。

第11條　本法第三條第九款所稱多重障礙，指包括二種以上不具連帶關係且非源於同一原因造成之障礙而影響學習者。

前項所定多重障礙，其鑑定應參照本辦法其他各類障礙之鑑定基準。

第12條　本法第三條第十款所稱自閉症，指因神經心理功能異常而顯現出溝通、社會互動、行為及興趣表現上有嚴重問題，致在學習及生活適應上有顯著困難者。

前項所定自閉症，其鑑定基準依下列各款規定：

一、顯著社會互動及溝通困難。

二、表現出固定而有限之行為模式及興趣。

第13條　本法第三條第十一款所稱發展遲緩，指未滿六歲之兒童，因生理、心理或社會環境因素，在知覺、認知、動作、溝通、社會情緒或自理能力等方面之發展較同年齡者顯著遲緩，且其障礙類別無法確定者。

前項所定發展遲緩，其鑑定依兒童發展及養育環境評估等資料，綜合研判之。

第14條　本法第三條第十二款所稱其他障礙，指在學習與生活有顯著困

難，且其障礙類別無法歸類於第三條至第十三條類別者。

前項所定其他障礙，其鑑定應由醫師診斷並開具證明。

第15條　本法第四條第一款所稱一般智能資賦優異，指在記憶、理解、分析、綜合、推理及評鑑等方面，較同年齡者具有卓越潛能或傑出表現者。

前項所定一般智能資賦優異，其鑑定基準依下列各款規定：

一、個別智力測驗評量結果在平均數正二個標準差或百分等級九十七以上。

二、經專家學者、指導教師或家長觀察推薦，並檢附學習特質與表現卓越或傑出等之具體資料。

第16條　本法第四條第二款所稱學術性向資賦優異，指在語文、數學、社會科學或自然科學等學術領域，較同年齡者具有卓越潛能或傑出表現者。

前項所定學術性向資賦優異，其鑑定基準依下列各款規定之一：

一、前項任一領域學術性向或成就測驗得分在平均數正二個標準差或百分等級九十七以上，並經專家學者、指導教師或家長觀察推薦，及檢附專長學科學習特質與表現卓越或傑出等之具體資料。

二、參加政府機關或學術研究機構舉辦之國際性或全國性有關學科競賽或展覽活動表現特別優異，獲前三等獎項。

三、參加學術研究單位長期輔導之有關學科研習活動，成就特別優異，經主辦單位推薦。

四、獨立研究成果優異並刊載於學術性刊物，經專家學者或指導教師推薦，並檢附具體資料。

第17條　本法第四條第三款所稱藝術才能資賦優異，指在視覺或表演藝術

方面具有卓越潛能或傑出表現者。

前項所定藝術才能資賦優異，其鑑定基準依下列各款規定之
一：

一、任一領域藝術性向測驗得分在平均數正二個標準差或百分等
　　級九十七以上，或術科測驗表現優異，並經專家學者、指導
　　教師或家長觀察推薦，及檢附藝術才能特質與表現卓越或傑
　　出等之具體資料。

二、參加政府機關或學術研究機構舉辦之國際性或全國性各該類
　　科競賽表現特別優異，獲前三等獎項。

第18條　本法第四條第四款所稱創造能力資賦優異，指運用心智能力產生
　　　　創新及建設性之作品、發明或解決問題，具有卓越潛能或傑出表
　　　　現者。

前項所定創造能力資賦優異，其鑑定基準依下列各款規定之
一：

一、創造能力測驗或創造性特質量表得分在平均數正二個標準差
　　或百分等級九十七以上，並經專家學者、指導教師或家長觀
　　察推薦，及檢附創造才能特質與表現卓越或傑出等之具體資
　　料。

二、參加政府機關或學術研究機構舉辦之國際性或全國性創造發
　　明競賽表現特別優異，獲前三等獎項。

第19條　本法第四條第五款所稱領導能力資賦優異，指具有優異之計
　　　　畫、組織、溝通、協調、決策、評鑑等能力，而在處理團體事務
　　　　上有傑出表現者。

前項所定領導能力資賦優異，其鑑定基準依下列各款規定：

一、領導才能測驗或領導特質量表得分在平均數正二個標準差或
　　百分等級九十七以上。

二、經專家學者、指導教師、家長或同儕觀察推薦，並檢附領導
　　才能特質與表現傑出等之具體資料。

第20條　本法第四條第六款所稱其他特殊才能資賦優異，指在肢體動
　　　　作、工具運用、資訊、棋藝、牌藝等能力具有卓越潛能或傑出表
　　　　現者。

　　　　前項所定其他特殊才能資賦優異，其鑑定基準依下列各款規
　　　　定：

　　　　一、參加政府機關或學術研究機構舉辦之國際性或全國性技藝競
　　　　　　賽表現特別優異，獲前三等獎項。

　　　　二、經專家學者、指導教師或家長觀察推薦，並檢附專長才能特
　　　　　　質與表現卓越或傑出等之具體資料。

第21條　身心障礙學生及資賦優異學生之鑑定，應依轉介、申請或推
　　　　薦，蒐集相關資料，實施初步類別研判、教育需求評估及綜合研
　　　　判後，完成包括教育安置建議及所需相關服務之評估報告。

　　　　前項鑑定，各級主管機關特殊教育學生鑑定及就學輔導會（以
　　　　下簡稱鑑輔會）應於每學年度上、下學期至少召開一次會議辦
　　　　理，必要時得召開臨時會議。

　　　　國民教育階段資賦優異學生之鑑定時程，應採入學後鑑定。但直
　　　　轄市、縣（市）主管機關因專業考量、資源分配或其他特殊需求
　　　　而有入學前鑑定之必要者，應經鑑輔會審議通過後，由主管機關
　　　　核定實施，並報教育部備查。

第22條　各類身心障礙學生之教育需求評估，應包括健康狀況、感官功
　　　　能、知覺動作、生活自理、認知、溝通、情緒、社會行為、學科
　　　　（領域）學習等。

　　　　各類資賦優異學生之教育需求評估，應包括健康狀況、認知、溝
　　　　通、情緒、社會行為、學科（領域）學習、特殊才能、創造力

　　　等。

　　　前二項教育需求評估，應依學生之需求選擇必要之評估項目，並
　　　於評估報告中註明優弱勢能力，所需之教育安置、評量、環境調
　　　整及轉銜輔導等建議。

第23條　經鑑輔會鑑定安置之身心障礙學生或資賦優異學生，遇障礙情形
　　　改變、優弱勢能力改變、適應不良或其他特殊需求時，得由教
　　　師、家長或學生本人向學校或主管機關提出重新評估之申請；其
　　　鑑定程序，依第二十一條第一項規定辦理。主管機關並得視需要
　　　主動辦理重新評估。

　　　前項重新評估，應註明重新評估之原因；身心障礙學生應檢附個
　　　別化教育（支持）計畫，資賦優異學生應檢附個別輔導計畫。

第24條　本辦法自發布日施行。

附錄五　特殊教育相關專業人員及助理人員遴用辦法

中華民國八十八年一月二十日
教育部（88）台參字第88005618號令訂定發布
中華民國八十八年六月二十九日
教育部（88）台參字第88075896號令修正發布

第1條　本辦法依特殊教育法（以下簡稱本法）第十七條第二項規定訂定
　　　　之。

第2條　本辦法所稱特殊教育相關專業人員，指為身心障礙學生及其教師
　　　　與家長提供專業服務之下列專（兼）任人員：

一、醫師：以具專科醫師資格者為限。

二、物理治療師、職能治療師及語言治療師等治療人員。

三、社會工作師。

四、臨床心理、職業輔導、定向行動專業人員。

五、其他相關專業人員。

本辦法所稱特殊教育助理人員，指協助身心障礙學生學習及生活
輔導之下列專（兼）任人員及本辦法施行前已依法任用之生活輔
導員：

一、教師助理員。

二、住宿生管理員。

第3條　特殊教育相關專業人員應與教師或其他人員充分合作，積極參與
　　　　並提供下列專業服務：

一、身心障礙學生鑑定、個別化教育計畫之擬定與執行及追蹤評

鑑等直接服務。

二、特殊教育教師、普通教育教師及家長諮詢等間接服務。

前項所稱其他人員，指本法第二十二條所定專業團隊應包含之衛生醫療、教育、社會福利、就業服務等專業人員。

第4條　特殊教育助理人員之職責如下：

一、教師助理員：在特殊教育教師督導下，協助評量、教學、生活輔導、學生上下學及家長聯繫等事宜。

二、住宿生管理員：負責特殊教育學校（班）住宿學生之生活照顧、管理及訓練等事宜。

第二條第二項所稱生活輔導員之職責，由其任職學校、幼稚園依前項各款所定職責決定之。

第5條　特殊教育相關專業人員應任用公務人員高等考試及格者，或經專門職業及技術人員轉任公務人員條例規定，取得專業證照及轉任公務人員任用資格者為原則。但政府未辦理專業證照或考試之特殊教育相關專業人員，得聘用下列人員之一擔任：

一、國內外大學校院該專業本學系、所畢業後，曾任該專業工作一年以上者。

二、國內外大學校院該專業相關系、所畢業，且於修畢該專業課程三百六十小時後，曾任該專業工作一年以上者。

第6條　特殊教育助理人員應僱用高中（職）以上學校畢業或具同等學歷之資格者。

第7條　聘用之特殊教育相關人員之報酬，由教育部或直轄市、縣（市）政府依聘用人員之相關規定辦理。兼任之特殊教育相關專業人員之報酬，按鐘點給付；其支給標準，由教育部或各該地方政府擬定，專案報請行政院核定。

特殊教育助理人員之報酬，由教育部或各該地方政府依約僱人員

之相關規定辦理。

第8條　特殊教育相關專業人員及助理人員遴用，應經各學校、幼稚園之甄審委員會公開甄選，並依程序進用。

第9條　特殊教育相關專業人員及助理人員，除任用者外，應於到職後一個月內，由學校、幼稚園檢附下列各項文件，報請所屬主管教育行政關備查：

一、履歷表。

二、聘用（僱用）契約書。

三、服務證明書。

四、學經歷證件影本。

第10條　新任之特殊教育相關專業人員及助理人員，應接受學校、幼稚園或主管教育行政機關辦理之職前訓練。

特殊教育相關專業人員及助理人員，應積極參與主管教育行政機關及該專業團體辦理之在職進修活動。

第11條　本辦法施行前已登記為特殊教育專業教師，且在原學校、幼稚園繼續任職者，仍依原有規定繼續聘任。

本辦法施行前已登記為特殊教育專業試用教師，且在原學校、幼稚園繼續任職者，於其試用教師證書有效期限內，修畢相關專門科目二十學分以上者，仍依原有規定辦理。

本辦法施行後，現職約僱生活輔導員在其僱用期滿前，其任職學校、幼稚園應依其職責調整其職稱為教師助理員或住宿生管理員。

前項經調整職稱之現職約僱生活輔導員，在本辦法施行前已實際工作三年以上且服務成績優良者，其任職學校、幼稚園於其僱用期滿後，視實際需要，得再僱用之。

第12條　本辦法自發布日施行。

附錄六　特殊教育學生調整入學年齡及修業年限實施辦法

中華民國八十八年二月三日

教育部（88）台參字第88010951號令修正發布全文九條及名稱

中華民國八十八年六月二十九日

教育部（88）台參字第88075896號令修正發布

中華民國九十三年四月二十九日

教育部台參字第093005680A號令修正發布

中華民國一零一年六月十一日

教育部臺參字第1010100066C號令修正發布名稱及全文九條；並自發布日

施行（原名稱：資賦優異學生降低入學年齡縮短修業年限及升學辦法）

第1條　本辦法依特殊教育法（以下簡稱本法）第十二條第二項規定訂定
　　　　之。

第2條　本法第十二條第二項所稱降低或提高入學年齡，指提早或暫緩入
　　　　國民小學就讀之年齡。

　　　　第十二條第二項所稱縮短或延長修業年限，指縮短專長學科（學
　　　　習領域）學習年限或各教育階段修業年限，或延長各教育階段修
　　　　業年限。

第3條　年滿五歲之資賦優異兒童，得申請提早入國民小學就讀；其申
　　　　請、鑑定及入學程序如下：

　　　　一、法定代理人填具報名表，並檢具戶口名簿、學前兒童提早入
　　　　　　學能力檢核表及其他相關文件資料，代為向戶籍所在地直轄
　　　　　　市、縣（市）主管機關指定之辦理單位申請。

二、接受直轄市、縣（市）主管機關指定之施測單位進行相關評量及評估。

三、特殊教育學生鑑定及就學輔導會（以下簡稱鑑輔會）依施測單位彙整之評量及評估資料綜合研判，經鑑定通過者，由直轄市、縣（市）主管機關核發提早入學資格證明書。

四、持提早入學資格證明書及戶口名簿，依相關規定至戶籍所屬學區之學校辦理報到入學。

前項資賦優異兒童之鑑定，應符合下列規定：

一、智能評量之結果，在平均數正二個標準差以上或百分等級九十七以上。

二、社會適應行為之評量結果與適齡兒童相當。

第4條　身心障礙適齡兒童得依強迫入學條例規定，由其法定代理人代為向直轄市、縣（市）主管機關申請暫緩入學。

第5條　高級中等以下學校資賦優異學生得依其身心發展狀況、學習需要及其意願，向學校申請縮短修業年限；學生未成年者，由其法定代理人代為申請。

前項縮短修業年限之方式如下：

一、學科成就測驗通過後免修該學科（學習領域）課程。

二、部分學科（學習領域）加速。

三、全部學科（學習領域）同時加速。

四、部分學科（學習領域）跳級。

五、全部學科（學習領域）跳級。

前項第一款至第三款方式，經學校特殊教育推行委員會審議通過後實施，並報主管機關備查；前項第四款及第五款方式，經報鑑輔會審議通過及主管機關核定後實施。

第6條　依前條規定提前修畢各學科（學習領域）課程者，得向學校申

　　請，經學校就其社會適應行為之評量結果，認定與該級學校畢業年級學生相當後，報主管機關認定其畢業資格；學校並應予以追蹤、輔導。

第7條　各教育階段身心障礙學生得依其身心發展狀況、學習需要及其意願，向學校申請延長修業年限；學生未成年者，由其法定代理人代為申請。

　　前項申請，國民中小學應報鑑輔會鑑定及主管機關核定後，通知申請人。

　　高級中等以上學校應經學校審核後，通知申請人。

第8條　前條申請延長修業年限，其最高延長期間規定如下：

　　一、國民中小學：二年。

　　二、高級中等學校：三年。

　　三、專科學校五年制：四年。

　　四、專科學校二年制：二年。

　　五、大學：四年。

第9條　本辦法自發布日施行。

附錄七　身心障礙者權益保障法

中華民國六十九年六月二日

總統（69）台統（一）義字第3028號令制定殘障福利法公布全文26條

中華民國八十六年四月二十三日

總統（86）華總（一）義字第8600097810號令修正公布名稱為身心障礙者

保護法及全文75條

中華民國九十六年七月十一日總統華總一義字第09600087331號令修正公布

名稱為身心障礙者權益保障法及全文109條

中華民國九十八年一月二十三日

總統華總一義字第09800015921號令修正公布第61條條文

中華民國九十八年七月八日

總統華總一義字第09800166521號令修正公布第80、81、107條條文

中華民國一百年二月一日

總統華總一義字第10000017951號令修正公布第2～4、6、16、17、20、

23、31、32、38、46、48、50～53、56、58、64、76、77、81、95、98、

106條條文；增訂第30-1、38-1、46-1、52-1、52-2、60-1、69-1條條文

中華民國一百年六月二十九日

總統華總一義字第10000132331號令修正公布第35條條文

中華民國一百年六月二十九日

總統華總一義字第10000136191號令修正公布第53、57、98、99條條文；增

訂第58-1條條文

中華民國一百零一年十二月十九日

總統華總一義字第10100279741號令修正公布第52、59條條文；並增訂第

104-1條條文

第一章　總則

第1條　為維護身心障礙者之權益，保障其平等參與社會、政治、經濟、
　　　　文化等之機會，促進其自立及發展，特制定本法。

第2條　本法所稱主管機關：在中央為內政部；在直轄市為直轄市政府；
　　　　在縣（市）為縣（市）政府。

　　　　本法所定事項，涉及各目的事業主管機關職掌者，由各目的事業
　　　　主管機關辦理。

　　　　前二項主管機關及各目的事業主管機關權責劃分如下：

　　一、主管機關：身心障礙者人格維護、經濟安全、照顧支持與獨
　　　　立生活機會等相關權益之規劃、推動及監督等事項。

　　二、衛生主管機關：身心障礙者之鑑定、保健醫療、醫療復健與
　　　　輔具研發等相關權益之規劃、推動及監督等事項。

　　三、教育主管機關：身心障礙者教育權益維護、教育資源與設施
　　　　均衡配置、專業服務人才之培育等相關權益之規劃、推動及
　　　　監督等事項。

　　四、勞工主管機關：身心障礙者之職業重建、就業促進與保障、
　　　　勞動權益與職場安全衛生等相關權益之規劃、推動及監督等
　　　　事項。

　　五、建設、工務、住宅主管機關：身心障礙者住宅、公共建築
　　　　物、公共設施之總體規劃與無障礙生活環境等相關權益之規
　　　　劃、推動及監督等事項。

　　六、交通主管機關：身心障礙者生活通信、大眾運輸工具、交通
　　　　設施與公共停車場等相關權益之規劃、推動及監督等事項。

　　七、財政主管機關：身心障礙者、身心障礙福利機構及庇護工場
　　　　稅捐之減免等相關權益之規劃、推動及監督等事項。

八、金融主管機關：金融機構對身心障礙者提供金融、商業保
　　險、財產信託等服務之規劃、推動及監督等事項。

九、法務主管機關：身心障礙者犯罪被害人保護、受刑人更生保
　　護與收容環境改善等相關權益之規劃、推動及監督等事項。

十、警政主管機關：身心障礙者人身安全保護與失蹤身心障礙者
　　協尋之規劃、推動及監督等事項。

十一、體育主管機關：身心障礙者體育活動、運動場地及設施設
　　　備與運動專用輔具之規劃、推動及監督等事項。

十二、文化主管機關：身心障礙者精神生活之充實與藝文活動參
　　　與之規劃、推動及監督等事項。

十三、採購法規主管機關：政府採購法有關採購身心障礙者之非
　　　營利產品與勞務之規劃、推動及監督等事項。

十四、通訊傳播主管機關：主管身心障礙者無障礙資訊和通訊技
　　　術及系統、網路平台、通訊傳播傳輸內容無歧視等相關事
　　　宜之規劃、推動及監督等事項。

十五、科技研究事務主管機關：主管身心障礙者輔助科技研發、
　　　技術研究、移轉、應用與推動等事項。

十六、經濟主管機關：主管身心障礙輔具國家標準訂定、產業推
　　　動、商品化開發之規劃及推動等事項。

十七、其他身心障礙權益保障措施：由各相關目的事業主管機關
　　　依職權規劃辦理。

第3條　中央主管機關掌理下列事項：

一、全國性身心障礙福利服務權益保障政策、法規與方案之規
　　劃、訂定及宣導事項。

二、對直轄市、縣（市）政府執行身心障礙福利服務權益保障之
　　監督及協調事項。

三、中央身心障礙福利經費之分配及補助事項。

四、對直轄市、縣（市）身心障礙福利服務之獎助及評鑑之規劃事項。

五、身心障礙福利服務相關專業人員訓練之規劃事項。

六、國際身心障礙福利服務權益保障業務之聯繫、交流及合作事項。

七、身心障礙者保護業務之規劃事項。

八、全國身心障礙者資料統整及福利服務整合事項。

九、全國性身心障礙福利機構之輔導、監督及全國評鑑事項。

十、輔導及補助民間參與身心障礙福利服務之推動事項。

十一、其他全國性身心障礙福利服務權益保障之策劃及督導事項。

第4條　直轄市、縣（市）主管機關掌理下列事項：

一、中央身心障礙福利服務權益保障政策、法規及方案之執行事項。

二、直轄市、縣（市）身心障礙福利服務權益保障政策、自治法規與方案之規劃、訂定、宣導及執行事項。

三、直轄市、縣（市）身心障礙福利經費之分配及補助事項。

四、直轄市、縣（市）身心障礙福利服務之獎助與評鑑之規劃及執行事項。

五、直轄市、縣（市）身心障礙福利服務相關專業人員訓練之規劃及執行事項。

六、身心障礙者保護業務之執行事項。

七、直轄市、縣（市）轄區身心障礙者資料統整及福利服務整合執行事項。

八、直轄市、縣（市）身心障礙福利機構之輔導設立、監督及評

鑑事項。

九、民間參與身心障礙福利服務之推動及協助事項。

十、其他直轄市、縣（市）身心障礙福利服務權益保障之策劃及
　　督導事項。

第5條　本法所稱身心障礙者，指下列各款身體系統構造或功能，有損傷
　　　　或不全導致顯著偏離或喪失，影響其活動與參與社會生活，經醫
　　　　事、社會工作、特殊教育與職業輔導評量等相關專業人員組成之
　　　　專業團隊鑑定及評估，領有身心障礙證明者：

一、神經系統構造及精神、心智功能。

二、眼、耳及相關構造與感官功能及疼痛。

三、涉及聲音與言語構造及其功能。

四、循環、造血、免疫與呼吸系統構造及其功能。

五、消化、新陳代謝與內分泌系統相關構造及其功能。

六、泌尿與生殖系統相關構造及其功能。

七、神經、肌肉、骨骼之移動相關構造及其功能。

八、皮膚與相關構造及其功能。

第6條　直轄市、縣（市）主管機關受理身心障礙者申請鑑定時，應交衛
　　　　生主管機關指定相關機構或專業人員組成專業團隊，進行鑑定並
　　　　完成身心障礙鑑定報告。

　　　　前項鑑定報告，至遲應於完成後十日內送達申請人戶籍所在地之
　　　　衛生主管機關。衛生主管機關除核發鑑定費用外，至遲應將該鑑
　　　　定報告於十日內核轉直轄市、縣（市）主管機關辦理。

　　　　第一項身心障礙鑑定機構或專業人員之指定、鑑定人員之資格條
　　　　件、身心障礙類別之程度分級、鑑定向度與基準、鑑定方法、工
　　　　具、作業方式及其他應遵行事項之辦法，由中央衛生主管機關定
　　　　之。

辦理有關障礙鑑定服務所需之項目及費用，應由直轄市、縣（市）衛生主管機關編列預算支應，並由中央衛生主管機關協調直轄市、縣（市）衛生主管機關公告規範之。

第7條　直轄市、縣（市）主管機關應於取得衛生主管機關所核轉之身心障礙鑑定報告後，籌組專業團隊進行需求評估。

前項需求評估，應依身心障礙者障礙類別、程度、家庭經濟情況、照顧服務需求、家庭生活需求、社會參與需求等因素為之。

直轄市、縣（市）主管機關對於設籍於轄區內依前項評估合於規定者，應核發身心障礙證明，據以提供所需之福利及服務。

第一項評估作業得併同前條鑑定作業辦理，有關評估作業與鑑定作業併同辦理事宜、評估專業團隊人員資格條件、評估工具、作業方式及其他應遵行事項之辦法，由中央主管機關會同中央衛生主管機關定之。

第8條　各級政府相關目的事業主管機關，應本預防原則，針對遺傳、疾病、災害、環境污染及其他導致身心障礙因素，有計畫推動生育保健、衛生教育等工作，並進行相關社會教育及宣導。

第9條　主管機關及各目的事業主管機關應置專責人員辦理本法規定相關事宜；其人數應依業務增減而調整之。

身心障礙者福利相關業務應遴用專業人員辦理。

第10條　主管機關應遴聘（派）身心障礙者或其監護人代表、身心障礙福利學者或專家、民意代表與民間相關機構、團體代表及各目的事業主管機關代表辦理身心障礙者權益保障事項；其中遴聘身心障礙者或其監護人代表及民間相關機構、團體代表之比例，不得少於三分之一。

前項之代表，單一性別不得少於三分之一。

第一項權益保障事項包括：

一、整合規劃、研究、諮詢、協調推動促進身心障礙者權益保障
　　相關事宜。

二、受理身心障礙者權益受損協調事宜。

三、其他促進身心障礙者權益及福利保障相關事宜。

第一項權益保障事項與運作、前項第二款身心障礙權益受損協調
之處理及其他應遵行事項之辦法，由各級主管機關定之。

第11條　各級政府應至少每五年舉辦身心障礙者之生活狀況、保健醫
療、特殊教育、就業與訓練、交通及福利等需求評估及服務調查
研究，並應出版、公布調查研究結果。

行政院每十年辦理全國人口普查時，應將身心障礙者人口調查納
入普查項目。

第12條　身心障礙福利經費來源如下：

一、各級政府按年編列之身心障礙福利預算。

二、社會福利基金。

三、身心障礙者就業基金。

四、私人或團體捐款。

五、其他收入。

前項第一款身心障礙福利預算，應以前條之調查報告為依據，按
年從寬編列。

第一項第一款身心障礙福利預算，直轄市、縣（市）主管機關財
政確有困難者，應由中央政府補助，並應專款專用。

第13條　身心障礙者對障礙鑑定及需求評估有異議者，應於收到通知書之
次日起三十日內，以書面向直轄市、縣（市）主管機關提出申請
重新鑑定及需求評估，並以一次為限。

依前項申請重新鑑定及需求評估，應負擔百分之四十之相關作業
費用；其異議成立者，應退還之。

逾期申請第一項重新鑑定及需求評估者，其相關作業費用，應自行負擔。

第14條　身心障礙證明有效期限最長為五年，身心障礙者應於效期屆滿前九十日內向戶籍所在地之直轄市、縣（市）主管機關申請辦理重新鑑定及需求評估。

身心障礙者於其證明效期屆滿前六十日尚未申請辦理重新鑑定及需求評估者，直轄市、縣（市）主管機關應以書面通知其辦理。但其障礙類別屬中央衛生主管機關規定無法減輕或恢復，無須重新鑑定者，得免予書面通知，由直轄市、縣（市）主管機關逕予核發身心障礙證明，或視個案狀況進行需求評估後，核發身心障礙證明。

身心障礙者如有正當理由，無法於效期屆滿前申請重新鑑定及需求評估者，應於效期屆滿前附具理由提出申請，經直轄市、縣（市）主管機關認定具有正當理由者，得於效期屆滿後六十日內辦理。

身心障礙者障礙情況改變時，應自行向直轄市、縣（市）主管機關申請重新鑑定及需求評估。

直轄市、縣（市）主管機關發現身心障礙者障礙情況改變時，得以書面通知其於六十日內辦理重新鑑定與需求評估。

第15條　依前條第一項至第三項規定辦理重新鑑定及需求評估者，於原證明效期屆滿至新證明生效期間，得經直轄市、縣（市）主管機關註記後，暫以原證明繼續享有本法所定相關權益。

經重新鑑定結果，其障礙程度有變更者，其已依前項規定以原證明領取之補助，應由直轄市、縣（市）主管機關於新證明生效後，依新證明之補助標準予以追回或補發。

身心障礙者於障礙事實消失或死亡時，其本人、家屬或利害關係

人，應將其身心障礙證明繳還直轄市、縣（市）主管機關辦理註銷；未繳還者，由直轄市、縣（市）主管機關逕行註銷，並取消本法所定相關權益或追回所溢領之補助。

第16條　身心障礙者之人格及合法權益，應受尊重及保障，對其接受教育、應考、進用、就業、居住、遷徙、醫療等權益，不得有歧視之對待。

　　公共設施場所營運者，不得使身心障礙者無法公平使用設施、設備或享有權利。

　　公、私立機關（構）、團體、學校與企業公開辦理各類考試，應依身心障礙應考人個別障礙需求，在考試公平原則下，提供多元化適性協助，以保障身心障礙者公平應考機會。

第17條　身心障礙者依法請領各項現金給付或補助，得檢具直轄市、縣（市）主管機關出具之證明文件，於金融機構開立專戶，並載明金融機構名稱、地址、帳號及戶名，報直轄市、縣（市）主管機關核可後，專供存入各項現金給付或補助之用。

　　前項專戶內之存款，不得作為抵銷、扣押、供擔保或強制執行之標的。

第18條　直轄市、縣（市）主管機關應建立通報系統，並由下列各級相關目的事業主管機關負責彙送資訊，以掌握身心障礙者之情況，適時提供服務或轉介：

　　一、衛生主管機關：疑似身心障礙者、發展遲緩或異常兒童資訊。

　　二、教育主管機關：疑似身心障礙學生資訊。

　　三、勞工主管機關：職業傷害資訊。

　　四、警政主管機關：交通事故資訊。

　　五、戶政主管機關：身心障礙者人口異動資訊。

直轄市、縣（市）主管機關受理通報後，應即進行初步需求評估，並於三十日內主動提供協助服務或轉介相關目的事業主管機關。

第19條　各級主管機關及目的事業主管機關應依服務需求之評估結果，提供個別化、多元化之服務。

第20條　為促進身心障礙輔具資源整合、研究發展及服務，中央主管機關應整合各目的事業主管機關推動辦理身心障礙輔具資源整合、研究發展及服務等相關事宜。

前項輔具資源整合、研究發展及服務辦法，由中央主管機關定之。

第二章　保健醫療權益

第21條　中央衛生主管機關應規劃整合醫療資源，提供身心障礙者健康維護及生育保健。

直轄市、縣（市）主管機關應定期舉辦身心障礙者健康檢查及保健服務，並依健康檢查結果及身心障礙者意願，提供追蹤服務。

前項保健服務、追蹤服務、健康檢查項目及方式之準則，由中央衛生主管機關會同中央主管機關定之。

第22條　各級衛生主管機關應整合醫療資源，依身心障礙者個別需求提供保健醫療服務，並協助身心障礙福利機構提供所需之保健醫療服務。

第23條　醫院應為身心障礙者設置服務窗口，提供溝通服務或其他有助於就醫之相關服務。

醫院應為住院之身心障礙者提供出院準備計畫；出院準備計畫應

包括下列事項：

一、居家照護建議。

二、復健治療建議。

三、社區醫療資源轉介服務。

四、居家環境改善建議。

五、輔具評估及使用建議。

六、轉銜服務。

七、生活重建服務建議。

八、心理諮商服務建議。

九、其他出院準備相關事宜。

前項出院準備計畫之執行，應由中央衛生主管機關列入醫院評鑑。

第24條　直轄市、縣（市）衛生主管機關應依據身心障礙者人口數及就醫需求，指定醫院設立身心障礙者特別門診。

前項設立身心障礙者特別門診之醫院資格條件、診療科別、人員配置、醫療服務設施與督導考核及獎勵辦法，由中央衛生主管機關定之。

第25條　為加強身心障礙者之保健醫療服務，直轄市、縣（市）衛生主管機關應依據各類身心障礙者之人口數及需要，設立或獎助設立醫療復健機構及護理之家，提供醫療復健、輔具服務、日間照護及居家照護等服務。

前項所定機構及服務之獎助辦法，由中央衛生主管機關定之。

第26條　身心障礙者醫療復健所需之醫療費用及醫療輔具，尚未納入全民健康保險給付範圍者，直轄市、縣（市）主管機關應依需求評估結果補助之。

前項補助辦法，由中央衛生主管機關會同中央主管機關定之。

第三章　教育權益

第27條　各級教育主管機關應根據身心障礙者人口調查之資料，規劃特殊
　　　　教育學校、特殊教育班或以其他方式教育不能就讀於普通學校或
　　　　普通班級之身心障礙者，以維護其受教育之權益。

　　　　各級學校對於經直轄市、縣（市）政府鑑定安置入學或依各級學
　　　　校入學方式入學之身心障礙者，不得以身心障礙、尚未設置適當
　　　　設施或其他理由拒絕其入學。

　　　　各級特殊教育學校、特殊教育班之教師，應具特殊教育教師資
　　　　格。

　　　　第一項身心障礙學生無法自行上下學者，應由政府免費提供交
　　　　通工具；確有困難，無法提供者，應補助其交通費；直轄市、
　　　　縣（市）教育主管機關經費不足者，由中央教育主管機關補助
　　　　之。

第28條　各級教育主管機關應主動協助身心障礙者就學；並應主動協助正
　　　　在接受醫療、社政等相關單位服務之身心障礙學齡者，解決其教
　　　　育相關問題。

第29條　各級教育主管機關應依身心障礙者之家庭經濟條件，優惠其本人
　　　　及其子女受教育所需相關經費；其辦法，由中央教育主管機關定
　　　　之。

第30條　各級教育主管機關辦理身心障礙者教育及入學考試時，應依其障
　　　　礙類別與程度及學習需要，提供各項必需之專業人員、特殊教材
　　　　與各種教育輔助器材、無障礙校園環境、點字讀物及相關教育資
　　　　源，以符公平合理接受教育之機會與應考條件。

第30-1條　中央教育主管機關應依視覺功能障礙者之需求，考量資源共享
　　　　　及廣泛利用現代化數位科技，由其指定之圖書館專責規劃、整

合及典藏，以可讀取之電子化格式提供圖書資源，以利視覺功
能障礙者之運用。

前項規劃、整合與典藏之內容、利用方式及所需費用補助等辦
法，由中央教育主管機關定之。

第31條　各級教育主管機關應依身心障礙者教育需求，規劃辦理學前教
育，並獎勵民間設立學前機構，提供課後照顧服務，研發教具教
材等服務。

公立幼稚園、托兒所、課後照顧服務，應優先收托身心障礙兒
童，辦理身心障礙幼童學前教育、托育服務及相關專業服務；並
獎助民間幼稚園、托兒所、課後照顧服務收托身心障礙兒童。

第32條　身心障礙者繼續接受高級中等以上學校之教育，各級教育主管機
關應予獎助；其獎助辦法，由中央教育主管機關定之。

中央教育主管機關應積極鼓勵輔導大專校院開辦按摩、理療按摩
或醫療按摩相關科系，並應保障視覺功能障礙者入學及就學機
會。

前二項學校提供身心障礙者無障礙設施，得向中央教育主管機關
申請補助。

第四章　就業權益

第33條　各級勞工主管機關應依身心障礙者之需求，自行或結合民間資
源，提供無障礙個別化職業重建服務。

前項所定職業重建服務，包括職業輔導評量、職業訓練、就業服
務、職務再設計、創業輔導及其他職業重建服務。

第34條　各級勞工主管機關對於具有就業意願及就業能力，而不足以獨立
在競爭性就業市場工作之身心障礙者，應依其工作能力，提供個

別化就業安置、訓練及其他工作協助等支持性就業服務。

各級勞工主管機關對於具有就業意願，而就業能力不足，無法進入競爭性就業市場，需長期就業支持之身心障礙者，應依其職業輔導評量結果，提供庇護性就業服務。

第35條　直轄市、縣（市）勞工主管機關為提供第三十三條第二項之職業訓練、就業服務及前條之庇護性就業服務，應推動設立下列機構：

一、職業訓練機構。

二、就業服務機構。

三、庇護工場。

前項各款機構得單獨或綜合設立。機構設立因業務必要使用所需基地為公有，得經該公有基地管理機關同意後，無償使用。

第一項之私立職業訓練機構、就業服務機構、庇護工場，應向當地直轄市、縣（市）勞工主管機關申請設立許可，經發給許可證後，始得提供服務。

未經許可，不得提供第一項之服務。但依法設立之機構、團體或學校接受政府委託辦理者，不在此限。

第一項機構之設立許可、設施與專業人員配置、資格、遴用、培訓及經費補助之相關準則，由中央勞工主管機關定之。

第36條　各級勞工主管機關應結合相關資源，協助庇護工場營運及產品推廣。

第37條　各級勞工主管機關應分別訂定計畫，自行或結合民間資源辦理第三十三條第二項職業輔導評量、職務再設計及創業輔導。

前項服務之實施方式、專業人員資格及經費補助之相關準則，由中央勞工主管機關定之。

第38條　各級政府機關、公立學校及公營事業機構員工總人數在三十四人

以上者，進用具有就業能力之身心障礙者人數，不得低於員工總人數百分之三。

私立學校、團體及民營事業機構員工總人數在六十七人以上者，進用具有就業能力之身心障礙者人數，不得低於員工總人數百分之一，且不得少於一人。

前二項各級政府機關、公、私立學校、團體及公、民營事業機構為進用身心障礙者義務機關（構）；其員工總人數及進用身心障礙者人數之計算方式，以各義務機關（構）每月一日參加勞保、公保人數為準；第一項義務機關（構）員工員額經核定為員額凍結或列為出缺不補者，不計入員工總人數。

前項身心障礙員工之月領薪資未達勞動基準法按月計酬之基本工資數額者，不計入進用身心障礙者人數及員工總人數。但從事部分工時工作，其月領薪資達勞動基準法按月計酬之基本工資數額二分之一以上者，進用二人得以一人計入身心障礙者人數及員工總人數。

辦理庇護性就業服務之單位進用庇護性就業之身心障礙者，不計入進用身心障礙者人數及員工總人數。

依第一項、第二項規定進用重度以上身心障礙者，每進用一人以二人核計。

警政、消防、關務、國防、海巡、法務及航空站等單位定額進用總人數之計算範圍，得於本法施行細則另定之。

依前項規定不列入定額進用總人數計算範圍之單位，其職務應經職務分析，並於三年內完成。

前項職務分析之標準及程序，由中央勞工主管機關另定之。

第38-1條　事業機構依公司法成立關係企業之進用身心障礙者人數達員工總人數百分之二十以上者，得與該事業機構合併計算前條之定

額進用人數。

事業機構依前項規定投資關係企業達一定金額或僱用一定人數之身心障礙者應予獎勵與輔導。

前項投資額、僱用身心障礙者人數、獎勵與輔導及第一項合併計算適用條件等辦法，由中央各目的事業主管機關會同中央勞工主管機關定之。

第39條　各級政府機關、公立學校及公營事業機構為進用身心障礙者，應洽請考試院依法舉行身心障礙人員特種考試，並取消各項公務人員考試對身心障礙人員體位之不合理限制。

第40條　進用身心障礙者之機關（構），對其所進用之身心障礙者，應本同工同酬之原則，不得為任何歧視待遇，其所核發之正常工作時間薪資，不得低於基本工資。

庇護性就業之身心障礙者，得依其產能核薪；其薪資，由進用單位與庇護性就業者議定，並報直轄市、縣（市）勞工主管機關核備。

第41條　經職業輔導評量符合庇護性就業之身心障礙者，由辦理庇護性就業服務之單位提供工作，並由雙方簽訂書面契約。

接受庇護性就業之身心障礙者，經第三十四條之職業輔導評量單位評量確認不適於庇護性就業時，庇護性就業服務單位應依其實際需求提供轉銜服務，並得不發給資遣費。

第42條　身心障礙者於支持性就業、庇護性就業時，雇主應依法為其辦理參加勞工保險、全民健康保險及其他社會保險，並依相關勞動法規確保其權益。

庇護性就業者之職業災害補償所採薪資計算之標準，不得低於基本工資。

庇護工場給付庇護性就業者之職業災害補償後，得向直轄市、縣

（市）勞工主管機關申請補助；其補助之資格條件、期間、金額、比率及方式之辦法，由中央勞工主管機關定之。

第43條　為促進身心障礙者就業，直轄市、縣（市）勞工主管機關應設身心障礙者就業基金；其收支、保管及運用辦法，由直轄市、縣（市）勞工主管機關定之。

進用身心障礙者人數未達第三十八條第一項、第二項標準之機關（構），應定期向所在地直轄市、縣（市）勞工主管機關之身心障礙者就業基金繳納差額補助費；其金額，依差額人數乘以每月基本工資計算。

直轄市、縣（市）勞工主管機關之身心障礙者就業基金，每年應就收取前一年度差額補助費百分之三十撥交中央勞工主管機關之就業安定基金統籌分配；其提撥及分配方式，由中央勞工主管機關定之。

第44條　前條身心障礙者就業基金之用途如下：

一、補助進用身心障礙者達一定標準以上之機關（構），因進用身心障礙者必須購置、改裝、修繕器材、設備及其他為協助進用必要之費用。

二、核發超額進用身心障礙者之私立機構獎勵金。

三、其他為辦理促進身心障礙者就業權益相關事項。

前項第二款核發之獎勵金，其金額最高按超額進用人數乘以每月基本工資二分之一計算。

第45條　各級勞工主管機關對於進用身心障礙者工作績優之機關（構），應予獎勵。

前項獎勵辦法，由中央勞工主管機關定之。

第46條　非視覺功能障礙者，不得從事按摩業。

各級勞工主管機關為協助視覺功能障礙者從事按摩及理療按摩工

作，應自行或結合民間資源，輔導提升其專業技能、經營管理能力，並補助其營運所需相關費用。

前項輔導及補助對象、方式及其他應遵行事項之辦法，由中央勞工主管機關定之。

醫療機構得僱用視覺功能障礙者於特定場所從事非醫療按摩工作。

醫療機構、車站、民用航空站、公園營運者及政府機關（構），不得提供場所供非視覺功能障礙者從事按摩或理療按摩工作。其提供場地供視覺功能障礙者從事按摩或理療按摩工作者應予優惠。

第一項規定於中華民國一百年十月三十一日失其效力。

第46-1條　政府機關（構）及公營事業自行或委託辦理諮詢性電話服務工作，電話值機人數在十人以上者，除其他法規另有規定外，應進用視覺功能障礙者達電話值機人數十分之一以上。但因工作性質特殊或進用確有困難，報經電話值機所在地直轄市、縣（市）勞工主管機關同意者，不在此限。

於前項但書所定情形，電話值機所在地直轄市、縣（市）勞工主管機關與自行或委託辦理諮詢性電話服務工作之機關相同者，應報經中央勞工主管機關同意。

第47條　為因應身心障礙者提前老化，中央勞工主管機關應建立身心障礙勞工提早退休之機制，以保障其退出職場後之生活品質。

第五章　支持服務

第48條　為使身心障礙者不同之生涯福利需求得以銜接，直轄市、縣（市）主管機關相關部門，應積極溝通、協調，制定生涯轉銜計

畫，以提供身心障礙者整體性及持續性服務。

前項生涯轉銜計畫服務流程、模式、資料格式及其他應遵行事項之辦法，由中央主管機關會同中央目的事業主管機關定之。

第49條　身心障礙者支持服務，應依多元連續服務原則規劃辦理。

直轄市、縣（市）主管機關應自行或結合民間資源提供支持服務，並不得有設籍時間之限制。

第50條　直轄市、縣（市）主管機關應依需求評估結果辦理下列服務，提供身心障礙者獲得所需之個人支持及照顧，促進其生活品質、社會參與及自立生活：

一、居家照顧。

二、生活重建。

三、心理重建。

四、社區居住。

五、婚姻及生育輔導。

六、日間及住宿式照顧。

七、課後照顧。

八、自立生活支持服務。

九、其他有關身心障礙者個人照顧之服務。

第51條　直轄市、縣（市）主管機關應依需求評估結果辦理下列服務，以提高身心障礙者家庭生活品質：

一、臨時及短期照顧。

二、照顧者支持。

三、家庭托顧。

四、照顧者訓練及研習。

五、家庭關懷訪視及服務。

六、其他有助於提昇家庭照顧者能力及其生活品質之服務。

前條及前項之服務措施，中央主管機關及中央各目的事業主管機關於必要時，應就其內容、實施方式、服務人員之資格、訓練及管理規範等事項，訂定辦法管理之。

第52條　各級及各目的事業主管機關應辦理下列服務，以協助身心障礙者參與社會：

一、休閒及文化活動。

二、體育活動。

三、公共資訊無障礙。

四、公平之政治參與。

五、法律諮詢及協助。

六、無障礙環境。

七、輔助科技設備及服務。

八、社會宣導及社會教育。

九、其他有關身心障礙者社會參與之服務。

前項服務措施屬付費使用者，應予以減免費用。

第一項第三款所稱公共資訊無障礙，係指應對利用網路、電信、廣播、電視等設施者，提供視、聽、語等功能障礙國民無障礙閱讀、觀看、轉接或傳送等輔助、補助措施。

前項輔助及補助措施之內容、實施方式及管理規範等項，由各中央目的事業主管機關定之。

第一項除第三款之服務措施，中央主管機關及中央各目的事業主管機關，應就其內容及實施方式制定實施計畫。

第52-1條　中央目的事業主管機關，每年應主動蒐集各國軟、硬體產品無障礙設計規範（標準），訂定各類產品設計或服務提供之國家無障礙規範（標準），並藉由獎勵與認證措施，鼓勵產品製造商或服務提供者於產品開發、生產或服務提供時，符合前項規

範（標準）。

　　中央目的事業主管機關應就前項獎勵內容、資格、對象及產品或服務的認證標準，訂定辦法管理之。

第52-2條　各級政府及其附屬機關（構）、學校所建置之網站，應通過第一優先等級以上之無障礙檢測，並取得認證標章。

　　前項檢測標準、方式、頻率與認證標章核發辦法，由目的事業主管機關定之。

第53條　各級交通主管機關應依實際需求，邀集相關身心障礙者團體代表、當地運輸營運者及該管社政主管機關共同研商，於運輸營運者所服務之路線、航線或區域內，規劃適當路線、航線、班次、客車（機船）廂（艙），提供無障礙運輸服務。

　　大眾運輸工具應依前項研商結果，規劃設置便於各類身心障礙者行動與使用之無障礙設施及設備。

　　國內航空運輸業者除民航主管機關所訂之安全因素外，不得要求身心障礙者接受特殊限制或拒絕提供運輸服務。

　　第二項大眾運輸工具無障礙設施項目、設置方式及其他應遵行事項之辦法，應包括鐵路、公路、捷運、空運、水運等，由中央交通主管機關分章節定之。

第54條　市區道路、人行道及市區道路兩旁建築物之騎樓，應符合中央目的事業主管機關所規定之無障礙相關法規。

第55條　有關道路無障礙之標誌、標線、號誌及識別頻率等，由中央目的事業主管機關定之。

　　直轄市、縣（市）政府應依前項規定之識別頻率，推動視覺功能障礙語音號誌及語音定位。

第56條　公共停車場應保留百分之二停車位，作為行動不便之身心障礙者專用停車位，車位未滿五十個之公共停車場，至少應保留一個身

心障礙者專用停車位。非領有專用停車位識別證明者，不得違規占用。

前項專用停車位識別證明，應依需求評估結果核發。

第一項專用停車位之設置地點、空間規劃、使用方式、識別證明之核發及違規占用之處理，由中央主管機關會同交通、營建等相關單位定之。

提供公眾服務之各級政府機關、公、私立學校、團體及公、民營事業機構設有停車場者，應依前三項辦理。

第57條　新建公共建築物及活動場所，應規劃設置便於各類身心障礙者行動與使用之設施及設備。未符合規定者，不得核發建築執照或對外開放使用。

公共建築物及活動場所應至少於其室外通路、避難層坡道及扶手、避難層出入口、室內出入口、室內通路走廊、樓梯、升降設備、哺（集）乳室、廁所盥洗室、浴室、輪椅觀眾席位周邊、停車場等其他必要處設置無障礙設備及設施。其項目與規格，由中央目的事業主管機關於其相關法令定之。

公共建築物及活動場所之無障礙設備及設施不符合前項規定者，各級目的事業主管機關應令其所有權人或管理機關負責人改善。但因軍事管制、古蹟維護、自然環境因素、建築物構造或設備限制等特殊情形，設置無障礙設備及設施確有困難者，得由所有權人或管理機關負責人提具替代改善計畫，申報各級目的事業主管機關核定，並核定改善期限。

第58條　身心障礙者搭乘國內大眾運輸工具，憑身心障礙證明，應予半價優待。

身心障礙者經需求評估結果，認需人陪伴者，其必要陪伴者以一人為限，得享有前項之優待措施。

第一項之大眾運輸工具，身心障礙者得優先乘坐，其優待措施並不得有設籍之限制。

國內航空業者除民航主管機關所訂之安全因素外，不認同身心障礙者可單獨旅行，而特別要求應有陪伴人共同飛行者，不得向陪伴人收費。

前四項實施方式及內容之辦法，由中央目的事業主管機關定之。

第58-1條　直轄市、縣（市）主管機關辦理復康巴士服務，自中華民國一百零一年一月一日起不得有設籍之限制。

第59條　身心障礙者進入收費之公營或公設民營風景區、康樂場所或文教設施，憑身心障礙證明應予免費；其為民營者，應予半價優待。

身心障礙者經需求評估結果，認需人陪伴者，其必要陪伴者以一人為限，得享有前項之優待措施。

第60條　視覺功能障礙者由合格導盲犬陪同或導盲犬專業訓練人員於執行訓練時帶同導盲幼犬，得自由出入公共場所、公共建築物、營業場所、大眾運輸工具及其他公共設施。

前項公共場所、公共建築物、營業場所、大眾運輸工具及其他公共設施之所有人、管理人或使用人，不得對導盲幼犬及合格導盲犬收取額外費用，且不得拒絕其自由出入或附加其他出入條件。

導盲犬引領視覺功能障礙者時，他人不得任意觸摸、餵食或以各種聲響、手勢等方式干擾該導盲犬。

有關合格導盲犬及導盲幼犬之資格認定、使用管理、訓練單位之認可、認可之撤銷或廢止及其他應遵行事項之辦法，由中央主管機關定之。

第60-1條　中央主管機關應會同中央勞工主管機關協助及輔導直轄市、縣
　　　　　（市）政府辦理視覺功能障礙者生活及職業重建服務。

　　　　　前項服務應含生活技能及定向行動訓練，其服務內容及專業人
　　　　　員培訓等相關規定，由中央主管機關會同中央勞工主管機關定
　　　　　之。

　　　　　第二項於本條文修正公布後二年施行。

第61條　直轄市、縣（市）政府應設置申請手語翻譯服務窗口，依聽覺功
　　　　　能或言語功能障礙者實際需求，提供其參與公共事務所需之服
　　　　　務。

　　　　　前項受理手語翻譯之服務範圍及作業程序等相關規定，由直轄
　　　　　市、縣（市）主管機關定之。

　　　　　依第一項規定提供手語翻譯服務，應於本法公布施行滿五年之日
　　　　　起，由手語翻譯技術士技能檢定合格者擔任之。

第62條　直轄市、縣（市）主管機關應按轄區內身心障礙者人口特性及需
　　　　　求，推動或結合民間資源設立身心障礙福利機構，提供生活照
　　　　　顧、生活重建、福利諮詢等服務。

　　　　　前項機構所提供之服務，應以提高家庭照顧身心障礙者能力及協
　　　　　助身心障礙者參與社會為原則，並得支援第五十條至第五十二條
　　　　　各項服務之提供。

　　　　　第一項機構類型、規模、業務範圍、設施及人員配置之標準，由
　　　　　中央主管機關定之。

　　　　　第一項機構得就其所提供之設施或服務，酌收必要費用；其收費
　　　　　規定，應報由直轄市、縣（市）主管機關核定。

　　　　　第一項機構，其業務跨及其他目的事業者，得綜合設立，並應依
　　　　　各目的事業主管機關相關法規之規定辦理。

第63條　私人或團體設立身心障礙福利機構，應向直轄市、縣（市）主管

機關申請設立許可。

依前項規定許可設立者，應自許可設立之日起三個月內，依有關法規辦理財團法人登記，於登記完成後，始得接受補助，或經主管機關核准後對外募捐並專款專用。但有下列情形之一者，得免辦理財團法人登記：

一、依其他法律申請設立之財團法人或公益社團法人申請附設者。

二、小型設立且不對外募捐、不接受補助及不享受租稅減免者。

第一項機構未於前項規定期間辦理財團法人登記，而有正當理由者，得申請直轄市、縣（市）主管機關核准延長一次，期間不得超過三個月；屆期不辦理者，原許可失其效力。

第一項機構申請設立之許可要件、申請程序、審核期限、撤銷與廢止許可、停辦、擴充與遷移、督導管理及其他相關事項之辦法，由中央主管機關定之。

第64條　各級主管機關應定期輔導及評鑑身心障礙福利機構，其評鑑結果應分為以下等第：

一、優等。

二、甲等。

三、乙等。

四、丙等。

五、丁等。

前項機構經評鑑成績優等及甲等者，應予獎勵；經評鑑成績為丙等及丁等者，主管機關應輔導其改善。

第一項機構之評鑑項目、方式、獎勵及輔導改善等事項之辦法，由中央主管機關定之。

第三項於本條文修正公布後二年施行。

第65條 身心障礙福利機構應與接受服務者或其家屬訂定書面契約，明定其權利義務關係。

直轄市、縣（市）主管機關應與接受委託安置之身心障礙福利機構訂定轉介安置書面契約，明定其權利義務關係。

前二項書面契約之格式、內容，中央主管機關應訂定定型化契約範本及其應記載及不得記載事項。

身心障礙福利機構應將中央主管機關訂定之定型化契約書範本公開並印製於收據憑證交付立約者，除另有約定外，視為已依第一項規定訂約。

第66條 身心障礙福利機構應投保公共意外責任保險及具有履行營運之擔保能力，以保障身心障礙者權益。

前項應投保之保險範圍及金額，由中央主管機關會商中央目的事業主管機關定之。

第一項履行營運之擔保能力，其認定標準，由所在地直轄市、縣（市）主管機關定之。

第67條 身心障礙者申請在公有公共場所開設零售商店或攤販，申請購買或承租國民住宅、停車位，政府應保留一定比率優先核准；其保留比率，由直轄市、縣（市）政府定之。

前項受核准者之經營條件、出租轉讓限制，依各目的事業主管機關相關規定辦理；其出租、轉讓對象應以其他身心障礙者為優先。

身心障礙者購買或承租第一項之商店或攤販，政府應提供低利貸款或租金補貼；其辦法由中央主管機關定之。

第68條 身心障礙福利機構、團體及符合設立庇護工場資格者，申請在公共場所設立庇護工場，或申請在國民住宅提供居住服務，直轄

市、縣（市）政府應保留名額，優先核准。

前項保留名額，直轄市、縣（市）目的事業主管機關於規劃興建時，應洽商直轄市、縣（市）主管機關後納入興建計畫辦理。

第一項受核准者之經營條件、出租轉讓限制，依各目的事業主管機關相關規定辦理；其出租、轉讓對象應以身心障礙福利相關機構或團體為限。

第69條　身心障礙福利機構或團體、庇護工場，所生產之物品及其提供之服務，於合理價格及一定金額以下者，各級政府機關、公立學校、公營事業機構及接受政府補助之機構、團體、私立學校應優先採購。

各級主管機關應定期公告或發函各義務採購單位，告知前項物品及服務，各義務採購單位應依相關法令規定，採購該物品及服務至一定比率。

前二項物品及服務項目、比率、一定金額、合理價格、優先採購之方式及其他應遵行事項之辦法，由中央主管機關定之。

第69-1條　各級主管機關應輔導視覺功能障礙者設立以從事按摩為業務之勞動合作社。

前項勞動合作社之社員全數為視覺功能障礙，並依法經營者，其營業稅稅率應依加值型及非加值型營業稅法第十三條第一項規定課徵。

第六章　經濟安全

第70條　身心障礙者經濟安全保障，採生活補助、日間照顧及住宿式照顧補助、照顧者津貼、年金保險等方式，逐步規劃實施。

前項年金保險之實施，依相關社會保險法律規定辦理。

第71條　直轄市、縣（市）主管機關對轄區內之身心障礙者，應依需求評估結果，提供下列經費補助，並不得有設籍時間之限制：

一、生活補助費。

二、日間照顧及住宿式照顧費用補助。

三、醫療費用補助。

四、居家照顧費用補助。

五、輔具費用補助。

六、房屋租金及購屋貸款利息補貼。

七、購買停車位貸款利息補貼或承租停車位補助。

八、其他必要之費用補助。

前項經費申請資格、條件、程序、補助金額及其他相關事項之辦法，除本法及其他法規另有規定外，由中央主管機關及中央目的事業主管機關分別定之。

直轄市、縣（市）主管機關為辦理第一項第一款、第二款、第六款、第七款業務，應於會計年度終了前，主動將已核定補助案件相關資料，併同有關機關提供之資料重新審核。但直轄市、縣（市）主管機關於申領人申領資格變更或審核認有必要時，得請申領人提供相關證明文件。

不符合請領資格而領取補助者，由直轄市、縣（市）主管機關以書面命本人自事實發生之日起六十日內繳還；屆期未繳還者，依法移送行政執行。

第72條　對於身心障礙者或其扶養者應繳納之稅捐，依法給予適當之減免。

納稅義務人或與其合併申報納稅之配偶或扶養親屬為身心障礙者，應准予列報身心障礙特別扣除額，其金額於所得稅法定之。

身心障礙者或其扶養者依本法規定所得之各項補助，應免納所得稅。

第73條　身心障礙者加入社會保險，政府機關應依其家庭經濟條件，補助保險費。

前項保險費補助辦法，由中央主管機關定之。

第七章　保護服務

第74條　傳播媒體報導身心障礙者或疑似身心障礙者，不得使用歧視性之稱呼或描述，並不得有與事實不符或誤導閱聽人對身心障礙者產生歧視或偏見之報導。

身心障礙者涉及相關法律事件，未經法院判決確定其發生原因可歸咎於當事人之疾病或其身心障礙狀況，傳播媒體不得將事件發生原因歸咎於當事人之疾病或其身心障礙狀況。

第75條　對身心障礙者不得有下列行為：

一、遺棄。

二、身心虐待。

三、限制其自由。

四、留置無生活自理能力之身心障礙者於易發生危險或傷害之環境。

五、利用身心障礙者行乞或供人參觀。

六、強迫或誘騙身心障礙者結婚。

七、其他對身心障礙者或利用身心障礙者為犯罪或不正當之行為。

第76條　醫事人員、社會工作人員、教育人員、警察人員、村（里）幹事及其他執行身心障礙服務業務人員，知悉身心障礙者有前條各款

情形之一者，應立即向直轄市、縣（市）主管機關通報，至遲不得超過二十四小時。

村（里）長及其他任何人知悉身心障礙者有前條情形者，得通報直轄市、縣（市）主管機關。

前二項通報人之身分資料，應予保密。

直轄市、縣（市）主管機關知悉或接獲第一項及第二項通報後，應自行或委託其他機關、團體進行訪視、調查，至遲不得超過二十四小時，並應於受理案件後四日內提出調查報告。調查時得請求警政、醫院及其他相關單位協助。

第一項、第二項及前項通報流程及後續處理辦法，由中央主管機關定之。

第77條　依法令或契約對身心障礙者有扶養義務之人，有喪失扶養能力或有違反第七十五條各款情形之一，致使身心障礙者有生命、身體之危難或生活陷於困境之虞者，直轄市、縣（市）主管機關得依本人、扶養義務人之申請或依職權，經調查評估後，予以適當安置。

前項之必要費用，除直轄市、縣（市）主管機關依第七十一條第一項第二款給予補助者外，由身心障礙者或扶養義務人負擔。

第78條　身心障礙者遭受第七十五條各款情形之一者，情況危急非立即給予保護、安置或其他處置，其生命、身體或自由有立即之危險或有危險之虞者，直轄市、縣（市）主管機關應予緊急保護、安置或為其他必要之處置。

直轄市、縣（市）主管機關為前項緊急保護、安置或為其他必要之處置時，得請求檢察官或當地警察機關協助。

第79條　前條之緊急安置服務，得委託相關身心障礙福利機構辦理。安置期間所必要之費用，由前條第一項之行為人支付。

前項費用，必要時由直轄市、縣（市）主管機關先行支付，並檢具支出憑證影本及計算書，請求前條第一項之行為人償還。

前項費用，經直轄市、縣（市）主管機關以書面定十日以上三十日以下期間催告償還，而屆期未償還者，得移送法院強制執行。

第80條　第七十八條身心障礙者之緊急保護安置，不得超過七十二小時；非七十二小時以上之安置，不足以保護身心障礙者時，得聲請法院裁定繼續保護安置。繼續保護安置以三個月為限；必要時，得聲請法院裁定延長之。

繼續保護安置期間，直轄市、縣（市）主管機關應視需要，協助身心障礙者向法院提出監護或輔助宣告之聲請。

繼續保護安置期滿前，直轄市、縣（市）主管機關應經評估協助轉介適當之服務單位。

第81條　身心障礙者有受監護或輔助宣告之必要時，直轄市、縣（市）主管機關得協助其向法院聲請。受監護或輔助宣告之原因消滅時，直轄市、縣（市）主管機關得協助進行撤銷宣告之聲請。

有改定監護人或輔助人之必要時，直轄市、縣（市）主管機關應協助身心障礙者為相關之聲請。

法院為身心障礙者選定之監護人或輔助人為社會福利機構、法人者，直轄市、縣（市）主管機關應對其執行監護或輔助職務進行監督；相關監督事宜之管理辦法，由中央主管機關定之。

第82條　直轄市、縣（市）主管機關、相關身心障礙福利機構，於社區中提供身心障礙者居住安排服務，遭受居民以任何形式反對者，直轄市、縣（市）政府應協助其排除障礙。

第83條　為使無能力管理財產之身心障礙者財產權受到保障，中央主管機關應會同相關目的事業主管機關，鼓勵信託業者辦理身心障礙者

財產信託。

第84條　法院或檢察機關於訴訟程序實施過程，身心障礙者涉訟或須作證時，應就其障礙類別之特別需要，提供必要之協助。

刑事被告或犯罪嫌疑人因智能障礙無法為完全之陳述時，直轄市、縣（市）主管機關得依刑事訴訟法第三十五條規定，聲請法院同意指派社會工作人員擔任輔佐人。

依刑事訴訟法第三十五條第一項規定得為輔佐人之人，未能擔任輔佐人時，社會福利機構、團體得依前項規定向直轄市、縣（市）主管機關提出指派申請。

第85條　身心障礙者依法收容於矯正機關時，法務主管機關應考量矯正機關收容特性、現有設施狀況及身心障礙者特殊需求，作必要之改善。

第八章　罰則

第86條　違反第十六條第一項規定，處新臺幣十萬元以上五十萬元以下罰鍰。

違反第七十四條規定，由目的事業主管機關處新臺幣十萬元以上五十萬元以下罰鍰。

第87條　違反第四十條第一項規定者，由直轄市、縣（市）勞工主管機關處新臺幣十萬元以上五十萬元以下罰鍰。

第88條　違反第五十七條第三項規定未改善或未提具替代改善計畫或未依核定改善計畫之期限改善完成者，各級目的事業主管機關除得勒令停止其使用外，處其所有權人或管理機關負責人新臺幣六萬元以上三十萬元以下罰鍰，並限期改善；屆期未改善者，得按次處罰至其改善完成為止；必要時，得停止供水、供電或封閉、強制

拆除。

前項罰鍰收入應成立基金，供作改善及推動無障礙設備與設施經費使用；基金之收支、保管及運用辦法，由中央目的事業主管機關定之。

第89條　設立身心障礙福利機構未依第六十三條第一項規定申請許可設立，或應辦理財團法人登記而未依第六十三條第二項或第三項規定期限辦理者，處其負責人新臺幣六萬元以上三十萬元以下罰鍰及公告其姓名，並令限期改善。

於前項限期改善期間，不得增加收容身心障礙者，違者另處其負責人新臺幣六萬元以上三十萬元以下罰鍰，並得按次處罰。

經依第一項規定限期令其改善，屆期未改善者，再處其負責人新臺幣十萬元以上五十萬元以下罰鍰，得按次處罰，並公告其名稱，且得令其停辦。

經依前項規定令其停辦而拒不遵守者，處新臺幣二十萬元以上一百萬元以下罰鍰，並得按次處罰。

第90條　身心障礙福利機構有下列情形之一，經主管機關查明屬實者，處新臺幣六萬元以上三十萬元以下罰鍰，並令限期改善；屆期未改善者，得按次處罰：

一、有第七十五條各款規定情形之一。

二、提供不安全之設施設備或供給不衛生之餐飲。

三、有其他重大情事，足以影響身心障礙者身心健康。

第91條　身心障礙福利機構停辦或決議解散時，主管機關對於該機構服務之身心障礙者，應即予適當之安置，身心障礙福利機構應予配合。不予配合者，強制實施之，並處新臺幣六萬元以上三十萬元以下罰鍰；必要時，得予接管。

前項接管之實施程序、期限與受接管機構經營權及財產管理權之

限制等事項之辦法,由中央主管機關定之。

第一項停辦之機構完成改善時,得檢附相關資料及文件,向主管機關申請復業;經主管機關審核後,應將復業申請計畫書報經中央主管機關備查。

第92條 身心障礙福利機構於主管機關依第九十條、第九十三條、第九十四條規定限期改善期間,不得增加收容身心障礙者,違者另處新臺幣六萬元以上三十萬元以下罰鍰,並得按次處罰。

經主管機關依第九十條、第九十三條規定令其限期改善;屆期仍未改善者,得令其停辦一個月以上一年以下,並公告其名稱。停辦期限屆滿仍未改善或違反法令情節重大者,應廢止其許可;其屬法人者,得予解散。

依前項規定令其停辦而拒不遵守者,再處新臺幣二十萬元以上一百萬元以下罰鍰,並得按次處罰。

第93條 主管機關依第六十四條第一項規定對身心障礙福利機構輔導或評鑑,發現有下列情形之一者,應令限期改善;屆期未改善者,處新臺幣五萬元以上二十五萬元以下罰鍰,並按次處罰:

一、業務經營方針與設立目的或捐助章程不符。

二、違反原許可設立之標準。

三、財產總額已無法達成目的事業或對於業務財務為不實之陳報。

四、經主管機關評鑑為丙等或丁等。

第94條 身心障礙福利機構有下列情形之一者,應令其一個月內改善;屆期未改善者,處新臺幣三萬元以上十五萬元以下罰鍰,並按次處罰:

一、收費規定未依第六十二條第四項規定報主管機關核定,或違反規定超收費用。

二、停辦、擴充或遷移未依中央主管機關依第六十三條第四項規
　　定所定辦法辦理。

三、違反第六十五條第一項規定，未與接受服務者或其家屬訂定
　　書面契約或將不得記載事項納入契約。

四、違反第六十六條第一項規定，未投保公共意外責任險或未具
　　履行營運擔保能力，而辦理身心障礙福利機構。

第95條　違反第七十五條各款規定情形之一者，處新臺幣三萬元以上十五
　　　　萬元以下罰鍰，並得公告其姓名。

　　　　身心障礙者之家庭照顧者或家庭成員違反第七十五條各款規定情
　　　　形之一者，直轄市、縣（市）主管機關應令其接受八小時以上
　　　　五十小時以下之家庭教育及輔導，並收取必要之費用；其收費規
　　　　定，由直轄市、縣（市）主管機關定之。

　　　　拒不接受前項家庭教育及輔導或時數不足者，處新臺幣三千元以
　　　　上一萬五千元以下罰鍰，經再通知仍不接受者，得按次處罰至其
　　　　參加為止。

第96條　有下列情形之一者，由直轄市、縣（市）勞工主管機關處新臺幣
　　　　二萬元以上十萬元以下罰鍰：

　　　　一、職業訓練機構、就業服務機構、庇護工場，違反第三十五條
　　　　　　第三項規定，經直轄市、縣（市）政府勞工主管機關令其停
　　　　　　止提供服務，並限期改善，未停止服務或屆期未改善。

　　　　二、私立學校、團體及民營事業機構無正當理由違反第三十八條
　　　　　　第二項規定。

第97條　接受政府補助之機構、團體、私立學校無正當理由違反第六十九
　　　　條第二項規定者，由各目的事業主管機關處新臺幣二萬元以上十
　　　　萬元以下罰鍰。

第98條　違反第四十六條第一項者，由直轄市、縣（市）勞工主管機關處

新臺幣一萬元以上五萬元以下罰鍰；其於營業場所內發生者，另處罰場所之負責人或所有權人新臺幣二萬元以上十萬元以下罰鍰，並令限期改善；屆期未改善者，按次處罰。

違反第四十六條第五項規定，直轄市、縣（市）勞工主管機關得令限期改善；屆期未改善者，處新臺幣一萬元以上五萬元以下罰鍰，並得按次處罰。

前二項罰鍰之收入，應納入直轄市、縣（市）政府身心障礙者就業基金，專供作促進視覺功能障礙者就業之用。

第99條　國內航空運輸業者違反第五十三條第三項規定限制或拒絕提供身心障礙者運輸服務及違反第五十八條第四項規定而向陪伴者收費，或大眾運輸工具未依第五十三條第四項規定所定辦法設置無障礙設施者，該管交通主管機關應責令業者於一定期限內提具改善計畫，報請該管交通主管機關核定後辦理。逾期不提出計畫或未依計畫辦理改善者，處新臺幣一萬元以上五萬元以下罰鍰，並得按次處罰。原核定執行計畫於執行期間如有變更之必要者，得報請原核定機關同意後變更，並以一次為限。

公共停車場未依第五十六條第一項規定保留一定比率停車位者，目的事業主管機關應令限期改善；屆期未改善者，處其所有人或管理人新臺幣一萬元以上五萬元以下罰鍰。

第100條　違反第十六條第二項或第六十條第二項規定者，應令限期改善；屆期未改善者，處新臺幣一萬元以上五萬元以下罰鍰，並得按次處罰。

第101條　提供庇護性就業服務之單位違反第四十一條第一項規定者，直轄市、縣（市）勞工主管機關應令限期改善；屆期未改善者，處新臺幣六千元以上三萬元以下罰鍰，並得按次處罰。

第102條　公務員執行職務有下列行為之一者，應受懲處：

一、違反第十六條第一項規定。

二、無正當理由違反第三十八條第一項、第六十七條第一項、第六十八條第一項或第六十九條第二項規定。

第103條　各級政府勞工主管機關對於違反第三十八條第一項或第二項之規定者，得公告之。

未依第四十三條第二項規定定期繳納差額補助費者，自期限屆滿之翌日起至完納前一日止，每逾一日加徵其未繳差額補助費百分之零點二滯納金。

但以其未繳納之差額補助費一倍為限。

前項滯納金之收入，應繳入直轄市、縣（市）政府身心障礙者就業基金專款專用。

第104條　本法所定罰則，除另有規定者外，由直轄市、縣（市）主管機關處罰之。

第104-1條　違反第五十九條規定者，經主管機關令限期改善，仍不改善者，予以警告；經警告仍不改善者，處新臺幣一萬元以上五萬元以下罰鍰；其情節重大者，並得公告其事業單位及負責人姓名。

第九章　附則

第105條　各級政府每年應向其民意機關報告本法之執行情形。

第106條　中華民國九十六年六月五日修正之條文全面施行前已領有身心障礙手冊者，應依直轄市、縣（市）主管機關指定期日及方式，辦理重新鑑定及需求評估或換發身心障礙證明；屆期未辦理者，直轄市、縣（市）主管機關得逕予註銷身心障礙手冊。

依前項規定辦理重新鑑定及需求評估或換發身心障礙證明之身

心障礙者，於直轄市、縣（市）主管機關發給身心障礙證明前，得依中華民國九十六年六月五日修正之條文公布前之規定，繼續享有原有身心障礙福利服務。

無法於直轄市、縣（市）主管機關指定期日辦理重新鑑定及需求評估者，應於指定期日前，附具理由向直轄市、縣（市）主管機關申請展延，經認有正當理由者，得予展延，最長以六十日為限。

中央社政及衛生主管機關應於中華民國九十六年六月五日修正之條文全面施行後三年內，協同直轄市、縣（市）主管機關對申請、申請重新鑑定或原領有手冊註記效期之身心障礙者依本法第六條、第七條規定進行鑑定與評估，同時完成應遵行事項驗證、測量、修正等相關作業。

直轄市、縣（市）主管機關應於前項作業完成後四年內，完成第一項執永久效期手冊者之相關作業。

第107條　中華民國九十六年六月五日修正之第三十八條自公布後二年施行；第五條至第七條、第十三條至第十五條、第十八條、第二十六條、第五十條、第五十一條、第五十六條及第七十一條，自公布後五年施行；九十八年六月十二日修正之條文，自九十八年十一月二十三日施行。

第108條　本法施行細則，由中央主管機關定之。

第109條　本法除另定施行日期者外，自公布日施行。

附錄八　兒童及少年福利與權益保障法

中華民國九十二年五月二十八日
總統華總一義字第09200096700號令制定公布
中華民國九十七年五月七日
總統華總一義字第○九七○○○五三四七一號令修正公布第30、58條條文
中華民國九十七年八月六日
總統華總一義字第09700053471號令修正公布第20條條文
中華民國九十九年五月十二日
總統華總一義字第09900117321號令增訂公布第50-1條條文
中華民國一○○年十一月三十日
總統華總一義字第10000267831號令修正公布名稱及全文118條；除第
15～17、29、76、87、88、116條條文自公布六個月後施行，第25、26、90
條條文自公布三年後施行外，其餘自公布日施行（原名稱：兒童及少年福
利法）
中華民國一○一年八月八日
總統華總一義字第10100177941號令增訂公布第54-1條條文

第一章　總則

第1條　為促進兒童及少年身心健全發展，保障其權益，增進其福利，特制
　　　　定本法。
第2條　本法所稱兒童及少年，指未滿十八歲之人；所稱兒童，指未滿十二

歲之人；所稱少年，指十二歲以上未滿十八歲之人。

第3條　父母或監護人對兒童及少年應負保護、教養之責任。對於主管機
關、目的事業主管機關或兒童及少年福利機構、團體依本法所為
之各項措施，應配合及協助之。

第4條　政府及公私立機構、團體應協助兒童及少年之父母、監護人或其
他實際照顧兒童及少年之人，維護兒童及少年健康，促進其身心
健全發展，對於需要保護、救助、輔導、治療、早期療育、身心
障礙重建及其他特殊協助之兒童及少年，應提供所需服務及措
施。

第5條　政府及公私立機構、團體處理兒童及少年相關事務時，應以兒童
及少年之最佳利益為優先考量，並依其心智成熟程度權衡其意
見；有關其保護及救助，並應優先處理。

兒童及少年之權益受到不法侵害時，政府應予適當之協助及保
護。

第6條　本法所稱主管機關：在中央為內政部；在直轄市為直轄市政府；
在縣（市）為縣（市）政府。

第7條　本法所定事項，主管機關及目的事業主管機關應就其權責範圍，
針對兒童及少年之需要，尊重多元文化差異，主動規劃所需福
利，對涉及相關機關之兒童及少年福利業務，應全力配合之。

主管機關及目的事業主管機關均應辦理兒童及少年安全維護及事
故傷害防制措施；其權責劃分如下：

一、主管機關：主管兒童及少年福利政策之規劃、推動及監督等
相關事宜。

二、衛生主管機關：主管婦幼衛生、生育保健、發展遲緩兒童早
期醫療、兒童及少年身心健康、醫療、復健及健康保險等相
關事宜。

三、教育主管機關：主管兒童及少年教育及其經費之補助、特殊
　　教育、幼稚教育、安全教育、家庭教育、中介教育、職涯教
　　育、休閒教育、性別平等教育、社會教育、兒童及少年就學
　　權益之維護及兒童課後照顧服務等相關事宜。

四、勞工主管機關：主管年滿十五歲或國民中學畢業少年之職業
　　訓練、就業準備、就業服務及勞動條件維護等相關事宜。

五、建設、工務、消防主管機關：主管兒童及少年福利機構建築
　　物管理、公共設施、公共安全、建築物環境、消防安全管
　　理、遊樂設施等相關事宜。

六、警政主管機關：主管兒童及少年人身安全之維護及觸法預
　　防、失蹤兒童及少年、無依兒童及少年之父母或監護人之協
　　尋等相關事宜。

七、法務主管機關：主管兒童及少年觸法預防、矯正與犯罪被害
　　人保護等相關事宜。

八、交通主管機關：主管兒童及少年交通安全、幼童專用車檢驗
　　等相關事宜。

九、新聞主管機關：主管兒童及少年閱聽權益之維護、出版品及
　　錄影節目帶分級等相關事宜。

十、通訊傳播主管機關：主管兒童及少年通訊傳播視聽權益之維
　　護、內容分級之規劃及推動等相關事宜。

十一、戶政主管機關：主管兒童及少年身分資料及戶籍等相關事
　　　宜。

十二、財政主管機關：主管兒童及少年福利機構稅捐之減免等相
　　　關事宜。

十三、金融主管機關：主管金融機構對兒童及少年提供財產信託
　　　服務之規劃、推動及監督等相關事宜。

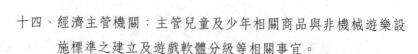

十四、經濟主管機關：主管兒童及少年相關商品與非機械遊樂設施標準之建立及遊戲軟體分級等相關事宜。

十五、體育主管機關：主管兒童及少年體育活動等相關事宜。

十六、文化主管機關：主管兒童及少年藝文活動等相關事宜。

十七、其他兒童及少年福利措施，由相關目的事業主管機關依職權辦理。

第8條　下列事項，由中央主管機關掌理。但涉及中央目的事業主管機關職掌，依法應由中央目的事業主管機關掌理者，從其規定：

一、全國性兒童及少年福利政策、法規與方案之規劃、釐定及宣導事項。

二、對直轄市、縣（市）政府執行兒童及少年福利之監督及協調事項。

三、中央兒童及少年福利經費之分配及補助事項。

四、兒童及少年福利事業之策劃、獎助及評鑑之規劃事項。

五、兒童及少年福利專業人員訓練之規劃事項。

六、國際兒童及少年福利業務之聯繫、交流及合作事項。

七、兒童及少年保護業務之規劃事項。

八、中央或全國性兒童及少年福利機構之設立、監督及輔導事項。

九、其他全國性兒童及少年福利之策劃及督導事項。

第9條　下列事項，由直轄市、縣（市）主管機關掌理。但涉及地方目的事業主管機關職掌，依法應由地方目的事業主管機關掌理者，從其規定：

一、直轄市、縣（市）兒童及少年福利政策、自治法規與方案之規劃、釐定、宣導及執行事項。

二、中央兒童及少年福利政策、法規及方案之執行事項。

三、兒童及少年福利專業人員訓練之執行事項。

四、兒童及少年保護業務之執行事項。

五、直轄市、縣（市）兒童及少年福利機構之設立、監督及輔導事項。

六、其他直轄市、縣（市）兒童及少年福利之策劃及督導事項。

第10條　主管機關應以首長為召集人，邀集兒童及少年福利相關學者或專家、民間相關機構、團體代表及目的事業主管機關代表，協調、研究、審議、諮詢及推動兒童及少年福利政策。

前項兒童及少年福利相關學者、專家及民間相關機構、團體代表不得少於二分之一，單一性別不得少於三分之一。必要時，並得邀請少年代表列席。

第11條　政府及公私立機構、團體應培養兒童及少年福利專業人員，並應定期舉辦職前訓練及在職訓練。

第12條　兒童及少年福利經費之來源如下：

一、各級政府年度預算及社會福利基金。

二、私人或團體捐贈。

三、依本法所處之罰鍰。

四、其他相關收入。

第13條　主管機關應每四年對兒童及少年身心發展、社會參與、生活及需求現況進行調查、統計及分析，並公布結果。

第二章　身分權益

第14條　胎兒出生後七日內，接生人應將其出生之相關資料通報衛生主管機關備查；其為死產者，亦同。

接生人無法取得完整資料以填報出生通報者，仍應為前項之通

報。

衛生主管機關應將第一項通報之新生兒資料轉知戶政主管機關，由其依相關規定辦理；必要時，戶政主管機關並得請求主管機關、警政及其他目的事業主管機關協助。

第一項通報之相關表單，由中央衛生主管機關定之。

第15條　從事收出養媒合服務，以經主管機關許可之財團法人、公私立兒童及少年安置、教養機構（以下統稱收出養媒合服務者）為限。

收出養媒合服務者從事收出養媒合服務，得向收養人收取服務費用。

第一項收出養媒合服務者之資格條件、申請程序、許可之發給、撤銷與廢止許可、服務範圍、業務檢查與其管理、停業、歇業、復業、前項之收費項目、基準及其他應遵行事項之辦法，由中央主管機關定之。

第16條　父母或監護人因故無法對其兒童及少年盡扶養義務而擬予出養時，應委託收出養媒合服務者代覓適當之收養人。但下列情形之出養，不在此限：

一、旁系血親在六親等以內及旁系姻親在五親等以內，輩分相當。

二、夫妻之一方收養他方子女。

前項收出養媒合服務者於接受委託後，應先為出養必要性之訪視調查，並作成評估報告；評估有出養必要者，應即進行收養人之評估，並提供適當之輔導及協助等收出養服務相關措施；經評估不宜出養者，應即提供或轉介相關福利服務。

第一項出養，以國內收養人優先收養為原則。

第17條　聲請法院認可兒童及少年之收養，除有前條第一項但書規定情形

者外，應檢附前條第二項之收出養評估報告。未檢附者，法院應定期間命其補正；逾期不補正者，應不予受理。

法院認可兒童及少年之收養前，得採行下列措施，供決定認可之參考：

一、命直轄市、縣（市）主管機關、兒童及少年福利機構、其他適當之團體或專業人員進行訪視，提出訪視報告及建議。

二、命收養人與兒童及少年先行共同生活一段期間；共同生活期間，對於兒童及少年權利義務之行使或負擔，由收養人為之。

三、命收養人接受親職準備教育課程、精神鑑定、藥、酒癮檢測或其他維護兒童及少年最佳利益之必要事項；其費用，由收養人自行負擔。

四、命直轄市、縣（市）主管機關調查被遺棄兒童及少年身分資料。

依前項第一款規定進行訪視者，應評估出養之必要性，並給予必要之協助；其無出養之必要者，應建議法院不為收養之認可。

收養人或收養事件之利害關係人亦得提出相關資料或證據，供法院斟酌。

第18條　父母對於兒童及少年出養之意見不一致，或一方所在不明時，父母之一方仍可向法院聲請認可。經法院調查認為收養乃符合兒童及少年之最佳利益時，應予認可。

法院認可或駁回兒童及少年收養之聲請時，應以書面通知直轄市、縣（市）主管機關，直轄市、縣（市）主管機關應為必要之訪視或其他處置，並作成紀錄。

第19條　收養兒童及少年經法院認可者，收養關係溯及於收養書面契約成立時發生效力；無書面契約者，以向法院聲請時為收養關係成立

之時；有試行收養之情形者，收養關係溯及於開始共同生活時發生效力。

聲請認可收養後，法院裁定前，兒童及少年死亡者，聲請程序終結。收養人死亡者，法院應命直轄市、縣（市）主管機關、兒童及少年福利機構、其他適當之團體或專業人員為評估，並提出報告及建議，法院認收養於兒童及少年有利益時，仍得為認可收養之裁定，其效力依前項之規定。

第20條　養父母對養子女有下列行為之一者，養子女、利害關係人或主管機關得向法院請求宣告終止其收養關係：

一、有第四十九條各款所定行為之一。

二、違反第四十三條第二項或第四十七條第二項規定，情節重大。

第21條　中央主管機關應保存出養人、收養人及被收養兒童及少年之身分、健康等相關資訊之檔案。

收出養媒合服務者及經法院交查之直轄市、縣（市）主管機關、兒童及少年福利機構、其他適當之團體或專業人員，應定期將前項收出養相關資訊提供中央主管機關保存。

辦理收出養業務、資訊保存或其他相關事項之人員，對於第一項資訊，應妥善維護當事人之隱私，除法律另有規定外，應予保密。

第一項資訊之範圍、來源、管理及使用辦法，由中央主管機關定之。

第22條　主管機關應會同戶政、移民主管機關協助未辦理戶籍登記、無國籍或未取得居留、定居許可之兒童、少年依法辦理有關戶籍登記、歸化、居留或定居等相關事項。

前項兒童、少年於戶籍登記完成前或未取得居留、定居許可

前，其社會福利服務、醫療照顧、就學權益等事項，應依法予以
保障。

第三章　福利措施

第23條　直轄市、縣（市）政府，應建立整合性服務機制，並鼓勵、輔
　　　　導、委託民間或自行辦理下列兒童及少年福利措施：
　　　　一、建立發展遲緩兒童早期通報系統，並提供早期療育服務。
　　　　二、辦理兒童托育服務。
　　　　三、對兒童、少年及其家庭提供諮詢服務。
　　　　四、對兒童、少年及其父母辦理親職教育。
　　　　五、對於無力撫育其未滿十二歲之子女或受監護人者，視需要予
　　　　　　以托育、家庭生活扶助或醫療補助。
　　　　六、對於無謀生能力或在學之少年，無扶養義務人或扶養義務
　　　　　　人無力維持其生活者，予以生活扶助、協助就學或醫療補
　　　　　　助，並協助培養其自立生活之能力。
　　　　七、早產兒、罕見疾病、重病兒童、少年及發展遲緩兒童之扶養
　　　　　　義務人無力支付醫療費用之補助。
　　　　八、對於不適宜在家庭內教養或逃家之兒童及少年，提供適當之
　　　　　　安置。
　　　　九、對於無依兒童及少年，予以適當之安置。
　　　　十、對於因懷孕或生育而遭遇困境之兒童、少年及其子女，予以
　　　　　　適當之安置、生活扶助、醫療補助、托育補助及其他必要協
　　　　　　助。
　　　　十一、辦理兒童課後照顧服務。
　　　　十二、對結束安置無法返家之少年，提供自立生活適應協助。

十三、辦理兒童及少年安全與事故傷害之防制、教育、宣導及訓
　　　練等服務。

十四、其他兒童、少年及其家庭之福利服務。

前項第五款至第七款及第十款之托育、生活扶助及醫療補助請領
資格、條件、程序、金額及其他相關事項之辦法，分別由中央及
直轄市主管機關定之。

第一項第九款無依兒童及少年之通報、協尋、安置方式、要
件、追蹤之處理辦法，由中央主管機關定之。

第24條　文化、教育、體育主管機關應鼓勵、輔導民間或自行辦理兒童及
　　　　少年適當之休閒、娛樂及文化活動，並提供合適之活動空間。

目的事業主管機關對於辦理前項活動著有績效者，應予獎勵表
揚。

第25條　直轄市、縣（市）主管機關應辦理居家式托育服務之管理、監督
　　　　及輔導等相關事項。

前項所稱居家式托育服務，指兒童由其三親等內親屬以外之人
員，於居家環境中提供收費之托育服務。

直轄市、縣（市）主管機關應以首長為召集人，邀集學者或專
家、居家托育員代表、兒童及少年福利團體代表、家長團體代
表、婦女團體代表、勞工團體代表，協調、研究、審議及諮詢居
家式托育服務、收退費、人員薪資、監督考核等相關事宜，並建
立運作管理機制，應自行或委託相關專業之機構、團體辦理。

第26條　提供居家式托育服務者，應向直轄市、縣（市）主管機關辦理登
　　　　記後，始得為之。

居家式托育服務提供者應年滿二十歲並具備下列資格之一：

一、取得保母人員技術士證。

二、高級中等以上學校幼兒保育、家政、護理相關學程、科、

系、所畢業。

三、修畢保母專業訓練課程，並領有結業證書。

　　直轄市、縣（市）主管機關為辦理居家式托育服務提供者之登記、管理、輔導、監督等事項，應自行或委託相關專業機構、團體辦理。

　　第一項提供居家式托育服務者之收托人數、登記、輔導、管理、收退費基準及其他應遵行事項之辦法，由中央主管機關定之。

第27條　政府應規劃實施兒童及少年之醫療照顧措施；必要時，並得視其家庭經濟條件補助其費用。

　　前項費用之補助對象、項目、金額及其程序等之辦法，由中央主管機關定之。

第28條　中央主管機關及目的事業主管機關應定期召開兒童及少年事故傷害防制協調會議，以協調、研究、審議、諮詢、督導、考核及辦理下列事項：

一、兒童及少年事故傷害資料登錄。

二、兒童及少年安全教育教材之建立、審核及推廣。

三、兒童及少年遊戲與遊樂設施、玩具、用品、交通載具等標準、檢查及管理。

四、其他防制機制之建立及推動。

　　前項會議應遴聘學者專家、民間團體及相關機關代表提供諮詢。學者專家、民間團體代表之人數，不得少於總數二分之一。

第29條　下列兒童及少年所使用之交通載具應予輔導管理，以維護其交通安全：

一、幼童專用車。

二、公私立學校之校車。

三、短期補習班或兒童課後照顧服務班及中心之接送車。

前項交通載具之申請程序、輔導措施、管理與隨車人員之督導管理及其他應遵行事項之辦法,由中央教育主管機關會同交通主管機關定之。

第30條　疑似發展遲緩、發展遲緩或身心障礙兒童及少年之父母或監護人,得申請警政主管機關建立指紋資料。

前項資料,除作為失蹤協尋外,不得作為其他用途之使用。

第一項指紋資料按捺、塗銷及管理辦法,由中央警政主管機關定之。

第31條　政府應建立六歲以下兒童發展之評估機制,對發展遲緩兒童,應按其需要,給予早期療育、醫療、就學及家庭支持方面之特殊照顧。

父母、監護人或其他實際照顧兒童之人,應配合前項政府對發展遲緩兒童所提供之各項特殊照顧。

第一項早期療育所需之篩檢、通報、評估、治療、教育等各項服務之銜接及協調機制,由中央主管機關會同衛生、教育主管機關規劃辦理。

第32條　各類社會福利、教育及醫療機構,發現有疑似發展遲緩兒童,應通報直轄市、縣(市)主管機關。直轄市、縣(市)主管機關應將接獲資料,建立檔案管理,並視其需要提供、轉介適當之服務。

前項通報流程及檔案管理等相關事項之辦法,由中央主管機關定之。

第33條　兒童及孕婦應優先獲得照顧。

交通及醫療等公、民營事業應提供兒童及孕婦優先照顧措施。

第34條　少年年滿十五歲或國民中學畢業，有進修或就業意願者，教育、勞工主管機關應視其性向及志願，輔導其進修、接受職業訓練或就業。

教育主管機關應依前項規定辦理並督導高級中等以下學校辦理職涯教育、勞動權益及職業安全教育。

勞工主管機關應依第一項規定提供職業訓練、就業準備、職場體驗、就業媒合、支持性就業安置及其他就業服務措施。

第35條　雇主對年滿十五歲或國民中學畢業之少年員工應保障其教育進修機會；其辦理績效良好者，勞工主管機關應予獎勵。

第36條　勞工主管機關對於缺乏技術及學歷，而有就業需求之少年，應整合教育及社政主管機關，提供個別化就業服務措施。

第37條　高級中等以下學校應協調建教合作機構與學生及其法定代理人，簽訂書面訓練契約，明定權利義務關係。

前項書面訓練契約之格式、內容，中央教育主管機關應訂定定型化契約範本與其應記載及不得記載事項。

第38條　政府應結合民間機構、團體鼓勵兒童及少年參與學校、社區等公共事務，並提供機會，保障其參與之權利。

第39條　政府應結合民間機構、團體鼓勵國內兒童及少年文學、視聽出版品與節目之創作、優良國際兒童及少年視聽出版品之引進、翻譯及出版。

第40條　政府應結合或鼓勵民間機構、團體對優良兒童及少年出版品、錄影節目帶、廣播、遊戲軟體及電視節目予以獎勵。

第41條　為確保兒童及少年之遊戲及休閒權利，促進其身心健康，除法律另有規定者外，國民小學每週兒童學習節數不得超過教育部訂定之課程綱要規定上限。

中央目的事業主管機關應邀集兒童及少年事務領域之專家學

者、民間團體代表參與課程綱要之設計與規劃。

第42條 為確保兒童及少年之受教權,對於因特殊狀況無法到校就學者,家長得依國民教育法相關規定向直轄市、縣(市)政府申請非學校型態實驗教育。

第四章　保護措施

第43條 兒童及少年不得為下列行為:

一、吸菸、飲酒、嚼檳榔。

二、施用毒品、非法施用管制藥品或其他有害身心健康之物質。

三、觀看、閱覽、收聽或使用有害其身心健康之暴力、血腥、色情、猥褻、賭博之出版品、圖畫、錄影節目帶、影片、光碟、磁片、電子訊號、遊戲軟體、網際網路內容或其他物品。

四、在道路上競駛、競技或以蛇行等危險方式駕車或參與其行為。

父母、監護人或其他實際照顧兒童及少年之人,應禁止兒童及少年為前項各款行為。

任何人均不得供應第一項之物質、物品予兒童及少年。

第44條 新聞紙以外之出版品、錄影節目帶、遊戲軟體應由有分級管理義務之人予以分級;其他有事實認定影響兒童及少年身心健康之虞之物品經目的事業主管機關認定應予分級者,亦同。

前項物品之分級類別、內容、標示、陳列方式、管理、有分級管理義務之人及其他應遵行事項之辦法,由中央目的事業主管機關定之。

第45條　新聞紙不得刊載下列有害兒童及少年身心健康之內容。但引用司
　　　　法機關或行政機關公開之文書而為適當之處理者，不在此限：
　　　　一、過度描述（繪）強制性交、猥褻、自殺、施用毒品等行為細
　　　　　　節之文字或圖片。
　　　　二、過度描述（繪）血腥、色情細節之文字或圖片。
　　　　為認定前項內容，報業商業同業公會應訂定防止新聞紙刊載有害
　　　　兒童及少年身心健康內容之自律規範及審議機制，報中央主管機
　　　　關備查。
　　　　新聞紙業者經舉發有違反第一項之情事者，報業商業同業公會應
　　　　於三個月內，依據前項自律規範及審議機制處置。必要時，得延
　　　　長一個月。
　　　　有下列情事之一者，主管機關應邀請報業商業同業公會代表、兒
　　　　童及少年福利團體代表以及專家學者代表，依第二項備查之自律
　　　　規範，共同審議認定之：
　　　　一、非屬報業商業同業公會會員之新聞紙業者經舉發有違反第一
　　　　　　項之情事。
　　　　二、報業商業同業公會就前項案件逾期不處置。
　　　　三、報業商業同業公會就前項案件之處置結果，經新聞紙刊載
　　　　　　之當事人、受處置之新聞紙業者或兒童及少年福利團體申
　　　　　　訴。

第46條　為防止兒童及少年接觸有害其身心發展之網際網路內容，由通訊
　　　　傳播主管機關召集各目的事業主管機關委託民間團體成立內容防
　　　　護機構，並辦理下列事項：
　　　　一、兒童及少年使用網際網路行為觀察。
　　　　二、申訴機制之建立及執行。
　　　　三、內容分級制度之推動及檢討。

四、過濾軟體之建立及推動。

五、兒童及少年上網安全教育宣導。

六、推動網際網路平臺提供者建立自律機制。

七、其他防護機制之建立及推動。

網際網路平臺提供者應依前項防護機制，訂定自律規範採取明確可行防護措施；未訂定自律規範者，應依相關公（協）會所定自律規範採取必要措施。

網際網路平臺提供者經目的事業主管機關告知網際網路內容有害兒童及少年身心健康或違反前項規定未採取明確可行防護措施者，應為限制兒童及少年接取、瀏覽之措施，或先行移除。

前三項所稱網際網路平臺提供者，指提供連線上網後各項網際網路平臺服務，包含在網際網路上提供儲存空間，或利用網際網路建置網站提供資訊、加值服務及網頁連結服務等功能者。

第47條　兒童及少年不得出入酒家、特種咖啡茶室、成人用品零售業、限制級電子遊戲場及其他涉及賭博、色情、暴力等經主管機關認定足以危害其身心健康之場所。

父母、監護人或其他實際照顧兒童及少年之人，應禁止兒童及少年出入前項場所。

第一項場所之負責人及從業人員應拒絕兒童及少年進入。

第48條　父母、監護人或其他實際照顧兒童及少年之人，應禁止兒童及少年充當前條第一項場所之侍應或從事危險、不正當或其他足以危害或影響其身心發展之工作。

任何人不得利用、僱用或誘迫兒童及少年從事前項之工作。

第49條　任何人對於兒童及少年不得有下列行為：

一、遺棄。

二、身心虐待。

三、利用兒童及少年從事有害健康等危害性活動或欺騙之行為。

四、利用身心障礙或特殊形體兒童及少年供人參觀。

五、利用兒童及少年行乞。

六、剝奪或妨礙兒童及少年接受國民教育之機會。

七、強迫兒童及少年婚嫁。

八、拐騙、綁架、買賣、質押兒童及少年。

九、強迫、引誘、容留或媒介兒童及少年為猥褻行為或性交。

十、供應兒童及少年刀械、槍砲、彈藥或其他危險物品。

十一、利用兒童及少年拍攝或錄製暴力、血腥、色情、猥褻或其他有害兒童及少年身心健康之出版品、圖畫、錄影節目帶、影片、光碟、磁片、電子訊號、遊戲軟體、網際網路內容或其他物品。

十二、對兒童及少年散布或播送有害其身心發展之出版品、圖畫、錄影節目帶、影片、光碟、電子訊號、遊戲軟體或其他物品。

十三、應列為限制級物品，違反依第四十四條第二項所定辦法中有關陳列方式之規定而使兒童及少年得以觀看或取得。

十四、於網際網路散布或播送有害兒童及少年身心健康之內容，未採取明確可行之防護措施，或未配合網際網路平臺提供者之防護機制，使兒童或少年得以接取或瀏覽。

十五、帶領或誘使兒童及少年進入有礙其身心健康之場所。

十六、強迫、引誘、容留或媒介兒童及少年為自殺行為。

十七、其他對兒童及少年或利用兒童及少年犯罪或為不正當之行為。

第50條　孕婦不得吸菸、酗酒、嚼檳榔、施用毒品、非法施用管制藥品或

為其他有害胎兒發育之行為。

任何人不得強迫、引誘或以其他方式使孕婦為有害胎兒發育之行為。

第51條　父母、監護人或其他實際照顧兒童及少年之人不得使兒童獨處於易發生危險或傷害之環境；對於六歲以下兒童或需要特別看護之兒童及少年，不得使其獨處或由不適當之人代為照顧。

第52條　兒童及少年有下列情事之一者，直轄市、縣（市）主管機關得依其父母、監護人或其他實際照顧兒童及少年之人之申請或經其同意，協調適當之機構協助、輔導或安置之：

一、違反第四十三條第一項、第四十七條第一項規定或從事第四十八條第一項禁止從事之工作，經其父母、監護人或其他實際照顧兒童及少年之人盡力禁止而無效果。

二、有偏差行為，情形嚴重，經其父母、監護人或其他實際照顧兒童及少年之人盡力矯正而無效果。

前項機構協助、輔導或安置所必要之生活費、衛生保健費、學雜費、代收代辦費及其他相關費用，由扶養義務人負擔；其收費規定，由直轄市、縣（市）主管機關定之。

第53條　醫事人員、社會工作人員、教育人員、保育人員、警察、司法人員、村（里）幹事及其他執行兒童及少年福利業務人員，於執行業務時知悉兒童及少年有下列情形之一者，應立即向直轄市、縣（市）主管機關通報，至遲不得超過二十四小時：

一、施用毒品、非法施用管制藥品或其他有害身心健康之物質。

二、充當第四十七條第一項場所之侍應。

三、遭受第四十九條各款之行為。

四、有第五十一條之情形。

五、有第五十六條第一項各款之情形。

六、遭受其他傷害之情形。

其他任何人知悉兒童及少年有前項各款之情形者，得通報直轄市、縣（市）主管機關。

直轄市、縣（市）主管機關於知悉或接獲通報前二項案件時，應立即處理，至遲不得超過二十四小時，其承辦人員並應於受理案件後四日內提出調查報告。

前三項通報及處理辦法，由中央主管機關定之。

第一項及第二項通報人之身分資料，應予保密。

第54條　醫事人員、社會工作人員、教育人員、保育人員、警察、司法人員、村（里）幹事、村（里）長、公寓大廈管理服務人員及其他執行兒童及少年福利業務人員，於執行業務時知悉兒童及少年家庭遭遇經濟、教養、婚姻、醫療等問題，致兒童及少年有未獲適當照顧之虞，應通報直轄市、縣（市）主管機關。

直轄市、縣（市）主管機關於接獲前項通報後，應對前項家庭進行訪視評估，並視其需要結合警政、教育、戶政、衛生、財政、金融管理、勞政或其他相關機關提供生活、醫療、就學、托育及其他必要之協助。

前二項通報及協助辦法，由中央主管機關定之。

第54-1條　兒童之父母、監護人或其他實際照顧兒童之人，有違反毒品危害防制條例者，於受通緝、羈押、觀察、勒戒、強制戒治或入獄服刑時，司法警察官、司法警察、檢察官或法院應查訪兒童之生活與照顧狀況。

司法警察官、司法警察、檢察官、法院就前項情形進行查訪，知悉兒童有第五十三條第一項各款情形及第五十四條之情事者，應依各該條規定通報直轄市、縣（市）主管機關。

第55條　兒童及少年罹患性病或有酒癮、藥物濫用情形者，其父母、監護
　　　　人或其他實際照顧兒童及少年之人應協助就醫，或由直轄市、縣
　　　　（市）主管機關會同衛生主管機關配合協助就醫；必要時，得請
　　　　求警政主管機關協助。

　　　　前項治療所需之費用，由兒童及少年之父母、監護人負擔。但屬
　　　　全民健康保險給付範圍或依法補助者，不在此限。

第56條　兒童及少年有下列各款情形之一，非立即給予保護、安置或為其
　　　　他處置，其生命、身體或自由有立即之危險或有危險之虞者，直
　　　　轄市、縣（市）主管機關應予緊急保護、安置或為其他必要之處
　　　　置：

　　　　一、兒童及少年未受適當之養育或照顧。

　　　　二、兒童及少年有立即接受診治之必要，而未就醫。

　　　　三、兒童及少年遭遺棄、身心虐待、買賣、質押，被強迫或引誘
　　　　　　從事不正當之行為或工作。

　　　　四、兒童及少年遭受其他迫害，非立即安置難以有效保護。

　　　　疑有前項各款情事之一，直轄市、縣（市）主管機關應基於兒童
　　　　及少年最佳利益，經多元評估後加強必要之緊急保護、安置或為
　　　　其他必要之處置。

　　　　直轄市、縣（市）主管機關為前項緊急保護、安置或為其他必要
　　　　之處置時，得請求檢察官或當地警察機關協助之。

　　　　第一項兒童及少年之安置，直轄市、縣（市）主管機關得辦理家
　　　　庭寄養、交付適當之兒童及少年福利機構或其他安置機構教養
　　　　之。

第57條　直轄市、縣（市）主管機關依前條規定緊急安置時，應即通報當
　　　　地地方法院及警察機關，並通知兒童及少年之父母、監護人。但
　　　　其無父母、監護人或通知顯有困難時，得不通知之。

緊急安置不得超過七十二小時，非七十二小時以上之安置不足以保護兒童及少年者，得聲請法院裁定繼續安置。繼續安置以三個月為限；必要時，得聲請法院裁定延長之，每次得聲請延長三個月。

繼續安置之聲請，得以電訊傳真或其他科技設備為之。

第58條　前條第二項所定七十二小時，自依前條第一項規定緊急安置兒童及少年之時起，即時起算。但下列時間不予計入：

一、在途護送時間。

二、交通障礙時間。

三、其他不可抗力之事由所生之遲滯時間。

第59條　直轄市、縣（市）主管機關、父母、監護人、受安置兒童及少年對於第五十七條第二項裁定有不服者，得於裁定送達後十日內提起抗告。對於抗告法院之裁定不得再抗告。

聲請及抗告期間，原安置機關、機構或寄養家庭得繼續安置。

安置期間因情事變更或無依原裁定繼續安置之必要者，直轄市、縣（市）主管機關、父母、原監護人、受安置兒童及少年得向法院聲請變更或撤銷之。

直轄市、縣（市）主管機關對於安置期間期滿或依前項撤銷安置之兒童及少年，應續予追蹤輔導至少一年。

第60條　安置期間，直轄市、縣（市）主管機關或受其交付安置之機構或寄養家庭在保護安置兒童及少年之範圍內，行使、負擔父母對於未成年子女之權利義務。

法院裁定得繼續安置兒童及少年者，直轄市、縣（市）主管機關或受其交付安置之機構或寄養家庭，應選任其成員一人執行監護事務，並負與親權人相同之注意義務。直轄市、縣（市）主管機關應陳報法院執行監護事項之人，並應按個案進展作成報告備

查。

安置期間，兒童及少年之父母、原監護人、親友、師長經直轄市、縣（市）主管機關同意，得依其約定時間、地點及方式，探視兒童及少年。不遵守約定或有不利於兒童及少年之情事者，直轄市、縣（市）主管機關得禁止探視。

直轄市、縣（市）主管機關為前項同意前，應尊重兒童及少年之意願。

第61條　安置期間，非為貫徹保護兒童及少年之目的，不得使其接受訪談、偵訊、訊問或身體檢查。

兒童及少年接受訪談、偵訊、訊問或身體檢查，應由社會工作人員陪同，並保護其隱私。

第62條　兒童及少年因家庭發生重大變故，致無法正常生活於其家庭者，其父母、監護人、利害關係人或兒童及少年福利機構，得申請直轄市、縣（市）主管機關安置或輔助。

前項安置，直轄市、縣（市）主管機關得辦理家庭寄養、交付適當之兒童及少年福利機構或其他安置機構教養之。

直轄市、縣（市）主管機關、受寄養家庭或機構依第一項規定，在安置兒童及少年之範圍內，行使、負擔父母對於未成年子女之權利義務。

第一項之家庭情況改善者，被安置之兒童及少年仍得返回其家庭，並由直轄市、縣（市）主管機關續予追蹤輔導至少一年。

第二項及第五十六條第四項之家庭寄養，其寄養條件、程序與受寄養家庭之資格、許可、督導、考核及獎勵之規定，由直轄市、縣（市）主管機關定之。

第63條　直轄市、縣（市）主管機關依第五十六條第四項或前條第二項對兒童及少年為安置時，因受寄養家庭或安置機構提供兒童及少年

必要服務所需之生活費、衛生保健費、學雜費、代收代辦費及其他與安置有關之費用，得向扶養義務人收取；其收費規定，由直轄市、縣（市）主管機關定之。

第64條　兒童及少年有第四十九條或第五十六條第一項各款情事，或屬目睹家庭暴力之兒童及少年，經直轄市、縣（市）主管機關列為保護個案者，該主管機關應於三個月內提出兒童及少年家庭處遇計畫；必要時，得委託兒童及

少年福利機構或團體辦理。

前項處遇計畫得包括家庭功能評估、兒童及少年安全與安置評估、親職教育、心理輔導、精神治療、戒癮治療或其他與維護兒童及少年或其他家庭正常功能有關之協助及福利服務方案。

處遇計畫之實施，兒童及少年本人、父母、監護人、其他實際照顧兒童及少年之人或其他有關之人應予配合。

第65條　依本法安置兩年以上之兒童及少年，經直轄市、縣（市）主管機關評估其家庭功能不全或無法返家者，應提出長期輔導計畫。

前項長期輔導計畫得委託兒童及少年福利機構或團體為之。

第66條　依本法保護、安置、訪視、調查、評估、輔導、處遇兒童及少年或其家庭，應建立個案資料，並定期追蹤評估。

因職務上所知悉之秘密或隱私及所製作或持有之文書，應予保密，非有正當理由，不得洩漏或公開。

第67條　直轄市、縣（市）主管機關對於依少年事件處理法以少年保護事件、少年刑事案件處理之兒童、少年及其家庭，應持續提供必要之福利服務。

前項福利服務，得委託兒童及少年福利機構或團體為之。

第68條　直轄市、縣（市）主管機關對於依少年事件處理法交付安置輔導或感化教育結束、停止或免除，或經交付轉介輔導之兒童、少年

及其家庭，應予追蹤輔導至少一年。

前項追蹤輔導，得委託兒童及少年福利機構或團體為之。

第69條　宣傳品、出版品、廣播、電視、網際網路或其他媒體對下列兒童及少年不得報導或記載其姓名或其他足以識別身分之資訊：

一、遭受第四十九條或第五十六條第一項各款行為。

二、施用毒品、非法施用管制藥品或其他有害身心健康之物質。

三、為否認子女之訴、收養事件、親權行使、負擔事件或監護權之選定、酌定、改定事件之當事人或關係人。

四、為刑事案件、少年保護事件之當事人或被害人。

行政機關及司法機關所製作必須公開之文書，除前項第三款或其他法律特別規定之情形外，亦不得揭露足以識別前項兒童及少年身分之資訊。

除前二項以外之任何人亦不得於媒體、資訊或以其他公示方式揭示有關第一項兒童及少年之姓名及其他足以識別身分之資訊。

第一、二項如係為增進兒童及少年福利或維護公共利益，且經行政機關邀集相關機關、兒童及少年福利團體與報業商業同業公會代表共同審議後，認為有公開之必要，不在此限。

第70條　直轄市、縣（市）主管機關就本法規定事項，必要時，得自行或委託兒童及少年福利機構、團體或其他適當之專業人員進行訪視、調查及處遇。

直轄市、縣（市）主管機關、受其委託之機構、團體或專業人員進行訪視、調查及處遇時，兒童及少年之父母、監護人、其他實際照顧兒童及少年之人、師長、雇主、醫事人員及其他有關之人應予配合並提供相關資料；必要時，該直轄市、縣（市）主管機關並得請求警政、戶政、財政、教育或其他相關機關或機構協

助，被請求之機關或機構應予配合。

第71條　父母或監護人對兒童及少年疏於保護、照顧情節嚴重，或有第四十九條、第五十六條第一項各款行為，或未禁止兒童及少年施用毒品、非法施用管制藥品者，兒童及少年或其最近尊親屬、直轄市、縣（市）主管機關、兒童及少年福利機構或其他利害關係人，得請求法院宣告停止其親權或監護權之全部或一部，或得另行聲請選定或改定監護人；對於養父母，並得請求法院宣告終止其收養關係。

法院依前項規定選定或改定監護人時，得指定直轄市、縣（市）主管機關、兒童及少年福利機構之負責人或其他適當之人為兒童及少年之監護人，並得指定監護方法、命其父母、原監護人或其他扶養義務人交付子女、支付選定或改定監護人相當之扶養費用及報酬、命為其他必要處分或訂定必要事項。

前項裁定，得為執行名義。

第72條　有事實足以認定兒童及少年之財產權益有遭受侵害之虞者，直轄市、縣（市）主管機關得請求法院就兒童及少年財產之管理、使用、收益或處分，指定或改定社政主管機關或其他適當之人任監護人或指定監護之方法，並得指定或改定受託人管理財產之全部或一部，或命監護人代理兒童及少年設立信託管理之。

前項裁定確定前，直轄市、縣（市）主管機關得代為保管兒童及少年之財產。

第一項之財產管理及信託規定，由直轄市、縣（市）主管機關定之。

第73條　高級中等以下學校對依少年事件處理法交付安置輔導或施以感化教育之兒童及少年，應依法令配合福利、教養機構或感化教育機構，執行轉銜及復學教育計畫，以保障其受教權。

前項轉銜及復學作業之對象、程序、違反規定之處理及其他應遵循事項之辦法，由中央教育主管機關會同法務主管機關定之。

第74條　法務主管機關應針對矯正階段之兒童及少年，依其意願，整合各主管機關提供就學輔導、職業訓練、就業服務或其他相關服務與措施，以協助其回歸家庭及社區。

第五章　福利機構

第75條　兒童及少年福利機構分類如下：

一、托嬰中心。

二、早期療育機構。

三、安置及教養機構。

四、心理輔導或家庭諮詢機構。

五、其他兒童及少年福利機構。

前項兒童及少年福利機構之規模、面積、設施、人員配置及業務範圍等事項之標準，由中央主管機關定之。

第一項兒童及少年福利機構，各級主管機關應鼓勵、委託民間或自行創辦；其所屬公立兒童及少年福利機構之業務，必要時，並得委託民間辦理。

直轄市、縣（市）主管機關為辦理托嬰中心托育服務之輔導及管理事項，應自行或委託相關專業之機構、團體辦理。

第76條　第二十三條第一項第十一款所稱兒童課後照顧服務，指招收國民小學階段學童，於學校上課以外時間，所提供之照顧服務。

前項兒童課後照顧服務，得由各該教育主管機關指定國民小學辦理兒童課後照顧服務班；或由鄉（鎮、市、區）公所、私人、團體申請設立兒童課後照顧服務中心辦理之。

前項兒童課後照顧服務班與兒童課後照顧服務中心之申請、設立、管理、人員資格、設施設備、改制及其他應遵行事項之辦法，由中央教育主管機關定之。

直轄市、縣（市）主管機關為辦理兒童課後照顧服務班及中心，應召開審議會，由機關首長或指定之代理人為召集人，成員應包含教育學者專家、

家長團體代表、婦女團體代表、公益教保團體代表等。

第77條　托嬰中心應為其收托之兒童辦理團體保險。

前項團體保險，其範圍、金額、繳費方式、期程、給付標準、權利與義務、辦理方式及其他相關事項之辦法，由直轄市、縣（市）主管機關定之。

第78條　兒童及少年福利機構之業務，應遴用專業人員辦理；其專業人員之類別、資格、訓練及課程等之辦法，由中央主管機關定之。

第79條　依本法規定發給設立許可證書，免徵規費。

第80條　直轄市、縣（市）教育主管機關應設置社會工作人員或專任輔導人員執行本法相關業務。

前項人員之資格、設置、實施辦法，由中央教育主管機關定之。

第81條　有下列情事之一者，不得擔任兒童及少年福利機構或兒童課後照顧服務班及中心之負責人或工作人員：

一、有性騷擾、性侵害行為，經有罪判決確定。

二、行為不檢損害兒童及少年權益，其情節重大，經有關機關查證屬實。

三、罹患精神疾病或身心狀況違常，經主管機關委請相關專科醫師認定不能執行業務。

主管機關或教育主管機關應主動查證兒童及少年福利機構或兒童

課後照顧服務班及中心負責人是否有前項第一款情事；兒童及少年福利機構或兒童課後照顧服務班及中心聘僱工作人員之前，亦應主動查證。

現職工作人員有第一項各款情事之一者，兒童及少年福利機構或兒童課後照顧服務班及中心應即停止其職務，並依相關規定予以調職、資遣、令其退休或終止勞動契約。

第82條　私人或團體辦理兒童及少年福利機構，以向當地主管機關申請設立許可者為限；其有對外勸募行為或享受租稅減免者，應於設立許可之日起六個月內辦理財團法人登記。

未於前項期間辦理財團法人登記，而有正當理由者，得申請核准延長一次，期間不得超過三個月；屆期不辦理者，原許可失其效力。

第一項申請設立許可之要件、程序、審核期限、撤銷與廢止許可、督導管理、停業、歇業、復業及其他應遵行事項之辦法，由中央主管機關定之。

第83條　兒童及少年福利機構或兒童課後照顧服務班及中心，不得有下列情形之一：

一、虐待或妨害兒童及少年身心健康。

二、供給不衛生之餐飲，經衛生主管機關查明屬實。

三、提供不安全之設施或設備，經目的事業主管機關查明屬實。

四、發現兒童及少年受虐事實，未向直轄市、縣（市）主管機關通報。

五、違反法令或捐助章程。

六、業務經營方針與設立目的不符。

七、財務收支未取具合法之憑證、捐款未公開徵信或會計紀錄未

完備。

八、規避、妨礙或拒絕主管機關或目的事業主管機關輔導、檢查、監督。

九、對各項工作業務報告申報不實。

十、擴充、遷移、停業、歇業、復業未依規定辦理。

十一、有其他情事，足以影響兒童及少年身心健康。

第84條　兒童及少年福利機構不得利用其事業為任何不當之宣傳；其接受捐贈者，應公開徵信，並不得利用捐贈為設立目的以外之行為。

主管機關應辦理輔導、監督、檢查、獎勵及定期評鑑兒童及少年福利機構並公布評鑑報告及結果。

前項評鑑對象、項目、方式及獎勵方式等辦法，由主管機關定之。

第85條　兒童及少年福利機構停辦、停業、歇業、解散、經撤銷或廢止許可時，對於其收容之兒童及少年應即予適當之安置；其未能予以適當安置者，設立許可主管機關應協助安置，該機構應予配合。

第六章　罰則

第86條　接生人違反第十四條第一項規定者，由衛生主管機關處新臺幣六千元以上三萬元以下罰鍰。

第87條　違反第十五條第一項規定，未經許可從事收出養媒合服務者，由主管機關處新臺幣六萬元以上三十萬元以下罰鍰，並公布其姓名或名稱。

第88條　收出養媒合服務者違反依第十五條第三項所定辦法中有關業務檢

查與管理、停業、歇業、復業之規定者，由許可主管機關通知限期改善，屆期未改善者，處新臺幣三萬元以上十五萬元以下罰鍰，並得按次處罰；情節嚴重者，得命其停辦一個月以上一年以下，並公布其名稱或姓名。

依前項規定命其停辦，拒不遵從或停辦期限屆滿未改善者，許可主管機關應廢止其許可。

第89條　違反第二十一條第三項、第五十三條第五項、第六十六條第二項或第六十九條第三項而無正當理由者，處新臺幣二萬元以上十萬元以下罰鍰。

第90條　違反第二十六條第一項規定者，處新臺幣六千元以上三萬元以下罰鍰，並命其限期改善，屆期仍未改善者，得按次處罰。

違反第二十六條第四項所定辦法有關收托人數、登記及輔導結果列入應改善而逾期未改善之規定，應令其限期改善，屆期仍未改善者，處新臺幣六千元以上三萬元以下罰鍰，並得按次處罰；其情節重大或經處罰三次後仍未改善者，得廢止其登記。

第91條　父母、監護人或其他實際照顧兒童及少年之人，違反第四十三條第二項規定，情節嚴重者，處新臺幣一萬元以上五萬元以下罰鍰；其未禁止兒童及少年為第四十三條第一項第二款行為者，並得命其接受八小時以上五十小時以下之親職教育輔導。

供應酒或檳榔予兒童及少年者，處新臺幣三千元以上一萬五千元以下罰鍰。

供應毒品、非法供應管制藥品或其他有害身心健康之物質予兒童及少年者，處新臺幣六萬元以上三十萬元以下罰鍰。

供應有關暴力、血腥、色情或猥褻出版品、圖畫、錄影節目帶、影片、光碟、電子訊號、遊戲軟體或其他物品予兒童及少年者，處新臺幣二萬元以上十萬元以下罰鍰。

第92條　新聞紙以外之出版品、錄影節目帶、遊戲軟體或其他經主管機關認定有影響兒童及少年身心健康之虞應予分級之物品，其有分級管理義務之人有下列情形之一者，處新臺幣五萬元以上二十五萬元以下罰鍰，並命其限期改善，屆期未改善者，得按次處罰：

一、違反第四十四條第一項規定，未予分級。

二、違反依第四十四條第二項所定辦法中有關分級類別或內容之規定。

前項有分級管理義務之人違反依第四十四條第二項所定辦法中有關標示之規定者，處新臺幣三萬元以上十五萬元以下罰鍰，並命其限期改善，屆期未改善者，得按次處罰。

第93條　新聞紙業者未依第四十五條第三項規定履行處置者，處新臺幣三萬元以上十五萬元以下罰鍰，並限期命其履行；屆期仍不履行者，得按次處罰至履行為止。經主管機關依第四十五條第四項規定認定者，亦同。

第94條　網際網路平臺提供者違反第四十六條第三項規定，未為限制兒童及少年接取、瀏覽之措施或先行移除者，由各目的事業主管機關處新臺幣六萬元以上三十萬元以下罰鍰，並命其限期改善，屆期未改善者，得按次處罰。

第95條　父母、監護人或其他實際照顧兒童及少年之人，違反第四十七條第二項規定者，處新臺幣一萬元以上五萬元以下罰鍰。

場所負責人或從業人員違反第四十七條第三項規定者，處新臺幣二萬元以上十萬元以下罰鍰，並公布場所負責人姓名。

第96條　父母、監護人或其他實際照顧兒童及少年之人，違反第四十八條第一項規定者，處新臺幣二萬元以上十萬元以下罰鍰，並公布其姓名。

違反第四十八條第二項規定者，處新臺幣六萬元以上三十萬元以

下罰鍰，公布行為人及場所負責人之姓名，並命其限期改善；屆期未改善者，除情節嚴重，由主管機關移請目的事業主管機關命其歇業者外，命其停業一個月以上一年以下。

第97條　違反第四十九條第一款至第十一款或第十五款至第十七款規定之一者，處新臺幣六萬元以上三十萬元以下罰鍰，並得公布其姓名或名稱。但行為人為父母、監護人或其他實際照顧兒童及少年之人，經命其接受親職教育輔導且已依限完成者，不適用之。

違反第四十九條第十二款規定者，除新聞紙依第四十五條及第九十三條規定辦理外，處新臺幣五萬元以上二十五萬元以下罰鍰，並公布其姓名或名稱及命其限期改善；屆期未改善者，得按次處罰；情節嚴重者，並得勒令停業一個月以上一年以下。

違反第四十九條第十三款規定者，處新臺幣一萬元以上五萬元以下罰鍰，並公布其姓名或名稱及命其限期改善；屆期未改善者，得按次處罰。

違反第四十九條第十四款規定者，處新臺幣十萬元以上五十萬元以下罰鍰，並公布其姓名或名稱及命其限期改善；屆期未改善者，得按次處罰；情節嚴重者，並得勒令停業一個月以上一年以下。

第98條　違反第五十條第二項規定者，處新臺幣一萬元以上五萬元以下罰鍰。

第99條　父母、監護人或其他實際照顧兒童及少年之人違反第五十一條規定者，處新臺幣三千元以上一萬五千元以下罰鍰。

第100條　醫事人員、社會工作人員、教育人員、保育人員、警察、司法人員、村（里）幹事或其他執行兒童及少年福利業務人員，違反第五十三條第一項規定而無正當理由者，處新臺幣六千元以上三萬元以下罰鍰。

第101條　父母、監護人或其他實際照顧兒童及少年之人使兒童及少年有
　　　　　第五十六條第一項各款情形之一，其情節嚴重者，得命其接受
　　　　　八小時以上五十小時以下之親職教育輔導。

第102條　父母、監護人或其他實際照顧兒童及少年之人經主管機關依第
　　　　　九十五條第一項、第九十六條第一項或第九十九條處罰，其情
　　　　　節嚴重者，並得命其接受八小時以上五十小時以下之親職教育
　　　　　輔導。
　　　　　父母、監護人或其他實際照顧兒童及少年之人依第九十一條第
　　　　　一項、前條或前項規定應接受親職教育輔導，如有正當理由無
　　　　　法如期參加，得申請延期。
　　　　　不接受親職教育輔導或拒不完成其時數者，處新臺幣三千元以
　　　　　上一萬五千元以下罰鍰；經再通知仍不接受者，得按次處罰至
　　　　　其參加為止。

第103條　宣傳品、出版品、廣播、電視、網際網路或其他媒體之負責人
　　　　　違反第六十九條第一項規定者，由目的事業主管機關處新臺幣
　　　　　三萬元以上十五萬元以下罰鍰，並得沒入第六十九條第一項規
　　　　　定之物品、限期命其移除內容、下架或其他必要之處置；屆期
　　　　　不履行者，得按次處罰至履行為止。但經第六十九條第四項審
　　　　　議後，認為有公開之必要者，不罰。
　　　　　前項媒體無負責人或負責人對行為人之行為不具監督關係者，
　　　　　前項所定之罰鍰，處罰行為人。

第104條　兒童及少年之父母、監護人、其他實際照顧兒童及少年之人、
　　　　　師長、雇主、醫事人員或其他有關之人違反第七十條第二項規
　　　　　定而無正當理由者，處新臺幣六千元以上三萬元以下罰鍰，並
　　　　　得按次處罰至其配合或提供相關資料為止。

第105條　違反第七十六條或第八十二條第一項前段規定，未申請設立許

可而辦理兒童及少年福利機構或兒童課後照顧服務班及中心者，由當地主管機關或教育主管機關處新臺幣六萬元以上三十萬元以下罰鍰及公布其姓名或名稱，並命其限期改善。

於前項限期改善期間，不得增加收托安置兒童及少年，違者處其負責人新臺幣六萬元以上三十萬元以下罰鍰，並得按次處罰。

經依第一項規定限期命其改善，屆期未改善者，再處其負責人新臺幣十萬元以上五十萬元以下罰鍰，並命於一個月內對於其收托之兒童及少年予以轉介安置；其無法辦理時，由當地主管機關協助之，負責人應予配合。不予配合者，強制實施之，並處新臺幣六萬元以上三十萬元以下罰鍰。

第106條　兒童及少年福利機構違反第八十二條第一項後段規定者，經設立許可主管機關命其立即停止對外勸募之行為而不遵命者，由設立許可主管機關處新臺幣六萬元以上三十萬元以下罰鍰，並得按次處罰且公布其名稱；情節嚴重者，並得命其停辦一個月以上一年以下。

第107條　兒童及少年福利機構或兒童課後照顧服務班及中心違反第八十三條第一款至第四款規定情形之一者，由設立許可主管機關處新臺幣六萬元以上三十萬元以下罰鍰，並命其限期改善，屆期未改善者，得按次處罰；情節嚴重者，得命其停辦一個月以上一年以下並公布其名稱。

未經許可從事兒童及少年福利機構或兒童課後照顧服務班及中心業務，經當地主管機關或教育主管機關依第一百零五條第一項規定命其限期改善，限期改善期間，有第八十三條第一款至第四款規定情形之一者，由當地主管機關或教育主管機關依前項規定辦理。

第108條　兒童及少年福利機構或兒童課後照顧服務班及中心違反第
　　　　　八十三條第五款至第十一款規定之一者，經設立許可主管機關
　　　　　命其限期改善，屆期未改善者，處新臺幣三萬元以上十五萬元
　　　　　以下罰鍰，並得按次處罰；情節嚴重者，得命其停辦一個月以
　　　　　上一年以下，並公布其名稱。
　　　　　依前二條及前項規定命其停辦，拒不遵從或停辦期限屆滿未改
　　　　　善者，設立許可主管機關應廢止其設立許可。

第109條　兒童及少年福利機構違反第八十五條規定，不予配合設立許可
　　　　　主管機關安置者，由設立許可主管機關處新臺幣六萬元以上
　　　　　三十萬元以下罰鍰，並強制實施之。

第七章　附則

第110條　十八歲以上未滿二十歲之人，於緊急安置等保護措施，準用本
　　　　　法之規定。

第111條　直轄市、縣（市）主管機關依本法委託安置之兒童及少年，年
　　　　　滿十八歲，經評估無法返家或自立生活者，得繼續安置至年滿
　　　　　二十歲；其已就讀大專校院者，得安置至畢業為止。

第112條　成年人教唆、幫助或利用兒童及少年犯罪或與之共同實施犯罪
　　　　　或故意對其犯罪者，加重其刑至二分之一。但各該罪就被害人
　　　　　係兒童及少年已定有特別處罰規定者，從其規定。
　　　　　對於兒童及少年犯罪者，主管機關得獨立告訴。

第113條　以詐欺或其他不正當方法領取本法相關補助或獎勵費用者，主
　　　　　管機關應撤銷原處分並以書面限期命其返還，屆期未返還者，
　　　　　移送強制執行；其涉及刑事責任者，移送司法機關辦理。

第114條　扶養義務人不依本法規定支付相關費用者，如為保護兒童及少

年之必要，由主管機關於兒童及少年福利經費中先行支付。

第115條　本法修正施行前已許可立案之兒童福利機構及少年福利機構，於本法修正公布施行後，其設立要件與本法及所授權辦法規定不相符合者，應於中央主管機關公告指定之期限內改善；屆期未改善者，依本法規定處理。

第116條　本法施行前經政府核准立案之課後托育中心應自本法施行之日起二年內，向教育主管機關申請改制完成為兒童課後照顧服務班及中心，屆期未申請者，應廢止其設立許可，原許可證書失其效力。

前項未完成改制之課後托育中心，於本條施行之日起二年內，原核准主管機關依本法修正前法令管理。

托育機構之托兒所未依幼兒教育及照顧法規定改制為幼兒園前，原核准主管機關依本法修正前法令管理。

第117條　本法施行細則，由中央主管機關定之。

第118條　本法除第十五條至第十七條、第二十九條、第七十六條、第八十七條、第八十八條及第一百十六條條文自公布六個月後施行，第二十五條、第二十六條及第九十條條文自公布三年後施行外，其餘自公布日施行。

幼教叢書 31

特殊教育概論

作　　者／黃志成、王麗美、王淑楨、高嘉慧
出 版 者／揚智文化事業股份有限公司
發 行 人／葉忠賢
總 編 輯／閻富萍
特約執編／鄭美珠
地　　址／22204 新北市深坑區北深路三段 260 號 8 樓
電　　話／(02)8662-6826
傳　　真／(02)2664-7633
網　　址／http://www.ycrc.com.tw
　E-mail ／service@ycrc.com.tw
印　　刷／鼎易印刷事業股份有限公司
　ISBN ／978-986-298-104-7
初版二刷／2015 年 9 月
定　　價／新台幣 450 元

國家圖書館出版品預行編目（CIP）資料

特殊教育概論 / 黃志成等著. -- 初版. -- 新
北市：揚智文化, 2013.08
面；　公分. --（幼教叢書;31）

ISBN 978-986-298-104-7 (平裝)

1.特殊教育

529.5　　　　　　　　　　　　102012450